教育部人文社科重点研究基地

南京大学中华民国史研究中心　　合作项目

山东画报出版社有限公司

"十二五"国家重点图书出版规划项目

国家新闻出版改革发展项目库 2014 年度入库项目

张宪文 主编

日本侵华图志

第 10 卷

侵占华中地区

（1938—1945）

马振犊 陆 军 潘 涛 编著

山东画报出版社

图书在版编目（CIP）数据

日本侵华图志. 10，侵占华中地区：1938～1945/ 张宪文主编；马振犊，陆军，潘涛编著. —济南：山东画报出版社，2015.5
ISBN 978-7-5474-1465-1

Ⅰ.①日… Ⅱ.①张… ②马… ③陆… ④潘… Ⅲ.①日本—侵华—史料—图集②日本—侵华事件—史料—中南地区—1938～1945—图集 Ⅳ.①K265.606-64

中国版本图书馆CIP数据核字（2015）第 039727 号

日本侵华图志 张宪文 主编

第10卷 侵占华中地区（1938—1945）
马振犊 陆军 潘涛 编著

责任编辑 王硕鹏
装帧设计 王 钧
封底篆刻 管树强
主管部门 山东出版传媒股份有限公司
出版发行 山东画报出版社
　　　　社　　址 济南市经九路胜利大街39号 邮编 250001
　　　　电　　话 总编室（0531）82098470
　　　　　　　　 市场部（0531）82098479 82098476（传真）
　　　　网　　址 http://www.hbcbs.com.cn
　　　　电子信箱 hbcb@sdpress.com.cn
印　　刷 山东临沂新华印刷物流集团
规　　格 210毫米×285毫米
　　　　　　 18.5印张 805幅图 100千字
版　　次 2015年5月第1版
印　　次 2015年5月第1次印刷
定　　价 320.00元

如有印装质量问题，请与出版社总编室联系调换。

《日本侵华图志》编纂、出版工作人员名单

编纂委员会

主 编

张宪文　南京大学中华民国史研究中心主任、荣誉资深教授

副主编

关　捷　大连民族学院教授
苏智良　上海师范大学人文与传播学院院长、教授
沈　强　中国人民抗日战争纪念馆馆长、研究馆员
井晓光　九一八历史博物馆馆长、研究馆员
马振犊　中国第二历史档案馆副馆长、研究馆员
曹必宏　中国第二历史档案馆副馆长、研究馆员
王希亮　黑龙江省社会科学院历史研究所研究员
赵继敏　伪满皇宫博物院副院长、研究馆员

执行副主编

曹大臣　南京大学中华民国史研究中心教授
姜良芹　南京大学中华民国史研究中心副主任、教授
王卫星　江苏省社会科学院历史研究所所长、研究员
齐春风　南京师范大学社会发展学院副院长、教授
洪小夏　上海师范大学法政学院教授

各卷主要编著者、审校者名单

第 1 卷　《战争动员》　曹大臣 / 编著　洪小夏 / 审校

第 2 卷　《甲午战争至日俄战争》（1894—1905）　关　捷　关　伟 / 编著　史全生 / 审校

第 3 卷　《侵占台湾五十年》（1895—1945）　洪小夏　殷占堂 / 编著　傅光中 / 审校

部分图片提供者

殷占堂　杨克林　吴先斌　杨莲福　姜良芹　邱明轩　刘启安　李晓方　张　蓉　刘新勇

项目策划	殷占堂　尹奎友　傅光中	**发行统筹**	王莹伟　祝东江
项目统筹	傅光中　赵祥斌	**营销专员**	张桐欣
设计统筹	王　芳	**编　务**	郑丽慧　桑葆琳　李忠秋
编印统筹	李新宇　许　诺		方　言　付　坤　莫　超
印务专员	甄西苏　刘奎山		于　东　张广成

总　序

张宪文

　　中日两国是一衣带水的邻邦，有两千多年友好往来的历史。其间，无论是日本遣唐使来华，或者是中国鉴真和尚等东渡日本，两国的经济贸易、文化交流都十分密切，对两国的社会发展发挥了积极作用。1868 年，日本开始了明治维新这一重大政治变革，这在日本历史上是最重要的转折点，它推动了日本资本主义经济走向大发展的道路。由此，日本从幕府制封建王朝迈向天皇制君主立宪的现代国家。

　　可是，日本是一个岛国，四面临海，领土狭小，资源贫乏。日本为了自身的生存和发展，其前首相山县有朋等人，于 19 世纪 90 年代提出了一系列向外扩张的"侵略有理"的理论，抛出所谓"主权线"和"利益线"的政治主张，将周边各国视为其利益所在，必须加以控制。以此理论为指导，日本逐步形成了其吞并朝鲜、侵占满蒙、独霸中国，进而将侵略势力扩展至整个亚洲乃至世界的大陆政策。1928 年，由田中义一首相主导召开的东方会议，标志着日本的大陆政策进入全面实施阶段。与此同时，日本在国内也形成了以军部为代表的军事政治体制，组成了包括陆军省、海军省、陆军参谋本部、海军军令部，以及后来的关东军司令部、支那派遣军司令部等军事机构在内的强大军事政治集团，并在相当程度上左右着日本的政局。自 19 世纪后期开始，日本军事力量迅速向朝鲜、中国展开侵略行动。

　　日本不仅在中国土地上挑起了瓜分中国的日俄战争，参与了由西方国家发动的八国联军侵华战争，而且独自发动了两次大规模的侵华战争，即 1894 年的中日甲午战争和从 1931 年至 1945 年的第二次中日战争。

　　甲午战争，日本摧毁了清王朝新兴的海军力量，给中国造成了难以弥补的损失。由九一八事变开始的历时 14 年的日本侵华战争，给中国人民造成了更加深重的灾难。日本以战争手段，侵占了中国自东北、华北、华东、华中到华南的大片国土，毁坏了中国许多大中城市，破坏了大面积的自然生态和社会生态。从东北到中原内地，大量的矿产资源和工农业产品被日本掠夺，占为己有。战争破坏了中国人民的生存条件，导致大批民众流离失所，被迫走上逃亡之路，形成了非正常的人口流动。许多沿海工厂企业和大中专院校，被迫迁往内地，在艰苦的条件下维持着基本的生产和教学研究工作。而在中国沦陷区，日本占领者则以种种手段加强压迫和控制，致使中国广大民众生活在苦难之中。

日本在以军事行动占领中国的同时，对中国人民采取了更加残酷的手段。譬如，在各地制造了大量的屠杀惨案和"万人坑"。它推行三光政策，制造"无人区"，实施化学战和细菌战，虐杀战俘和强掳劳工，在中国各地实施无差别的狂轰滥炸。尤其残忍的是，日军在南京制造了屠杀30万和平居民和放下武器的中国军人的人间悲剧。上述惨案或行为，均严重违反了国际法、国际公约和人类基本道义原则。

日本的大规模侵华战争，给中国人民造成了极为惨重的损失，使中国的现代化进程受到严重挫折。但是，在民族危机和国家危亡面前，中国人民增强了民族凝聚力。各民族、各政党、各阶级，团结一致，浴血奋战，英勇抵抗日本帝国主义侵略，终于在1945年取得了抗日战争的伟大胜利。

战后，东京国际军事法庭和南京中国国防部审判战犯军事法庭，均严格依照国际法规，坚持维护人类的基本道义原则，在大量事实基础上，对日本战犯的侵略罪行，作出了公正合理的判决。

可是，战争已经结束70年，日本在美国政府的长期包庇、纵容下，不仅战争罪行未得到彻底清算，而且拒绝承担侵略战争的责任，甚至美化其战争罪行，否认南京大屠杀，否认强征"慰安妇"，坚持参拜供奉着甲级战犯的靖国神社。由于历史问题的争论不断升级，加之钓鱼岛领土问题的矛盾日益突出，导致中日关系不断恶化。众多的日本民众在右翼势力的欺骗和蒙蔽下，对日本侵略中国的历史认识模糊、是非不清，甚至存在严重的误解。因此，历史学者有责任向广大人民包括日本民众揭示历史真相，帮助他们认清历史事实，辨明是非，批判日本军国主义罪行，维护并加强中日友好。

以图像展现和解说历史，是历史研究最为有效的方法。图像的直观性，能使人们对历史产生最直接、最深刻的认识与理解，因而当今中外历史学者都开始重视图像在历史研究中的重要地位和作用。

山东画报出版社和有关学者采集并掌握了日本侵华历史图片约25000幅。这些十分珍贵的原始图片，来自日本、美国、中国大陆和中国港台等国家和地区的文博机构，以及中外私人收藏。我们按照"重要性、稀缺性、高清晰"的原则，强调图片的来源出处和准确解读，努力向读者或研究者提供可靠而且有价值的图片史料。为此，我们按照日本侵华历史的时间顺序和相关专题，整理编辑为《日本侵华图志》共计25卷。

可以说，这套25卷本《日本侵华图志》的内容，客观、全面、直接地揭示了日本自明治维新以来，尤其是日本自1894年挑起中日甲午战争到1945年战败投降为止的侵华历史及其在中国实施的各种暴行。它们是日本侵华历史的铁证。有了上述大量第一手的真实的历史图像"立此存照"，日本右翼势力任何否认侵华历史和日本军国主义在中国所犯罪行的企图，都是徒劳的。

参加这套大型图志编著工作的，有南京、上海、北京、沈阳、长春、哈尔滨、大连、济南、青岛、石家庄、合肥、重庆、香港等地的高等院校、科研院所、史志研究机构、历史档案馆、抗战纪念馆、博物院以及其他学术文化机构的专家学者，他们对历史学、中日关系、抗日战争史，有深入的专业研究和学术造诣。本书编委会对他们为书稿编纂工作付出的巨大艰辛，表示崇高的敬意和深切的谢意。

中共山东省委、省政府，尤其是中共山东省委宣传部和山东出版集团的领导，十分关心、支持本《图志》的编辑出版。在此，我谨代表《图志》编委会向他们表示衷心的感谢。

山东画报出版社承担了本图志的全部编辑、出版工作，有关社领导、编辑和其他部门的工作人员，为此付出了十分艰苦的劳动。编委会向出版社有关人员表示诚挚的谢意！

2014 年 12 月 16 日

凡　例

　　《日本侵华图志》是一项具有重大学术价值和现实意义的多卷本图书出版工程。全书共 25 卷，每卷平均约 8 万字、1000 幅图，共计约 200 万字、25000 幅图。该项目已入选"十二五"国家重点图书、音像、电子出版物出版规划，并入选国家新闻出版广电总局 2014 年度新闻出版改革发展项目库。为了充分体现本书的学术价值和史料价值，在编纂过程中，各卷遵循了如下体例及规范。

　　一、关于书名。本书总名为《日本侵华图志》，按照时间顺序和不同专题分为 25 卷，每卷 1 册，各卷序号列入卷名，如《日本侵华图志（1）·战争动员》《日本侵华图志（2）·甲午战争至日俄战争（1894—1905）》《日本侵华图志（16）·南京大屠杀》等。

　　二、各卷内容构成。本书各卷由以下内容构成：总序、凡例、目录、综述、正文、大事记、主要参考文献、索引、后记。

　　三、正文层次结构。多数分卷正文分为两个层次，少数分卷分为三个层次；与之相适应，正文设置两级或三级标题。每级标题以序号加题名的形式呈现：一级标题形式为"第一章　×××××××""第二章　×××××××"，二级标题形式为"一、×××××××""二、×××××××"，三级标题形式为"（一）××××××""（二）××××××"。一二两级标题进目录，三级标题不进目录。章题下有 1000 字左右的概述，节题下有 200 字左右的简述，每幅图片附带包括图片出处在内的 100 字左右的图片说明文字。因特殊情况，有的分卷如《情报与间谍活动》《"慰安妇"与性暴行》等，编纂体例有所不同。

　　四、图片辑录原则。作为图志，本书各卷图片资料的辑录，遵循"重要性、稀缺性和高清晰"三原则，力争以清晰的画质呈现历史现场和事实真相。

　　五、图片编排顺序。本书按不同专题分卷编纂，所选图片资料，一般以历史事件为线索进行串联，按照时间的先后顺序和事件的内在联系排列组合。每页图片及其文字说明均重新编码。

六、语言文字规范。书中语言文字表述，坚持事实第一、理性至上之原则，淡化主观感情色彩，尽量使用中性词汇，不用蔑称或溢美之词。如涉及侵华日军，一般不用"日本鬼子""日寇""强盗""恶魔"等字眼。日文史料中日方对其侵华行为的自我标榜和溢美之词，以及对中方的污蔑不敬文字，引用时加注说明或用引号处理。历史地名一般使用当时称谓，其后加括号注明现在名称，如"伪满洲国首都新京（长春）"。涉及台港澳、西藏、新疆、蒙古的用语，以及伪政权的国号、年号、官职等称谓，一律遵从我国的有关规定。对中国少数民族的称谓，一律使用全称，比如"朝鲜族""蒙古族"，不能简称为"鲜族""蒙族"等。涉及少数民族政权的用语，避免出现"满清""蒙元"等称呼，而应直接表述为"清朝""元朝"。1949 年以后的台湾历史，不能用"中华民国"纪年。

七、引文注释规则。行文中的引文需要注释的，一律采用页下注，注释序号用六角括号加阿拉伯数字的形式（如〔1〕〔2〕〔3〕），每页重新编码。引文注释规则与本"凡例"第十条"主要参考文献著录规则"相同，其中为出版物的，要在末尾加注引文所在页码。

八、图片说明及出处著录规则。图片说明文字，以交代图片包含的历史信息为主，主要说明五个"W"：What（何事），Who（何人），When（何时），Where（何地），Why（何故）。说明文字之后，在六角括号"〔〕"之内，注明图片来源或出处。凡是作者具名的照片、绘画或图表，一律载明作者姓名；无法查明作者姓名的，视情况注明提供者或收藏者。未刊档案，注明馆藏地及案宗号；已刊登或出版的，注明著作权人和书刊名称、出版年月、页码。为尊重历史、保存原貌，所选图片资料中人名、地名的错字、别字以及不规范用词，均按原样直录，然后加括号注明正字。出处采用外文（主要是日文）的，按原外文书刊著录完整规范的外文，著作权人前不加国别，如"〔《一億人の昭和史・日本の戦史（3）・日中戦争（1）》，每日新聞社昭和五十四年（1979）六月二十五日版，第16頁〕""〔千葉光則：《秘藏写真で知る近代日本の戦歴（3）・満州事変》，フットワーク出版株式会社1991年12月6日版，第78頁〕"；外文中译本著作，以现代汉语著录，原著作权人前加小括号"（）"注明国别，如"〔（德）约翰·拉贝：《拉贝日记》，本书翻译组译，江苏人民出版社、江苏教育出版社1997年8月版，第190页〕"。图片出处文字句末不带句号。

九、"大事记"格式。以时系事，或一日一事，或一日几事，每事一条，每条一记。年份单独占一行，日期及事件另起行。日期后空一字格。行文追求要言不烦、言简意赅。

十、主要参考文献著录规则。各卷参考使用的历史文献或其他图文资料，均在书后以"主要参考文献"的形式列出重要的相关信息。参考文献分类编纂，各类中又按时间先后排序。著录规则主要有：

著作标注顺序：责任者与责任方式 / 文献题名 / 版别。责任方式为著时，"著"字可省略，其他责任方式保留。引用翻译著作时，原责任者前以六角括号"〔〕"加注国别，将译者作为第二责任者置于文献题名之后。出版者名称容易造成混淆或产生歧义以及有必要的，出版者名称前加小括号"（）"标注地名。如："高添强等编著：《香港日占时期》，（香港）三联书店1995年7月版。""〔日〕井上清：《日本帝国主义的形成》，宿久高等译，孙连璧校，（北京）人民出版社1984年6月版。"

著作析出文献标注顺序：责任者与责任方式／析出文献题名／文集责任者与责任方式／文集题名／版别。如："王卫星编：《日军官兵日记》，张宪文主编：《南京大屠杀史料集》第8册，（南京）江苏人民出版社2005年7月版。"

期刊标注顺序：责任者与责任方式／文献题名／期刊名及年期（或卷期，出版年月）。如："张济顺：《沦陷时期上海的保甲制度》，《历史研究》1960年第10期。"

报纸标注顺序：责任者与责任方式／篇名／报纸名称与出版年月日／版次。如"万居：《日本国民的厌战情绪》，《申报》1938年12月15日，第4版。"早期中文报纸无版次的，可标志卷册、时间或栏目及页码。

手稿、档案文献标注顺序：责任者与责任方式／文献标题／文献形成时间／藏所／卷宗号或其他编号。如："支那研究会编：《山東の富源：附・膠州湾の価値》，（東京）活人社大正三年（1914）版，青岛市档案馆藏，A10180。"

电子文献标注顺序：责任者／电子文献题名／获取和访问路径／引用日期。如："Robin Waldman. AGAS.8. http://blogs.archives.gov/TextMessage/2012/05/21/Identification-in-world-war-ii-china-friend-or-foe/agas-8/, 2014年12月22日。""韩练成捐赠：侵华日军海南警备府长官、海军中将佐贺启次郎投降时交出的海军军刀，http://www.jb.mil.cn/cp/wwjs/yjww/201007/t20100709_13917_17.html，2014年12月22日。"

本书各卷所引日文文献较多，所引文献没有中文译本的，原则上按原文献用日文进行完整规范的著录；为便于阅读和查找，也可以用现代汉语进行翻译著录，但不得混用中日两种文字著录同一文献。

十一、数字用法。本书遵循中华人民共和国国家标准《出版物上数字用法》（GB/T 15835—2011）之规定。特别注意事项如下：

凡是可以使用阿拉伯数字而且又很得体的地方，特别是当所表示的数目比较准确时，均使用阿拉伯数字。

在进行时间记数时，公历世纪、年代、年、月、日、时、分，使用阿拉伯数字，如"20世纪30年代""1937年12月13日""15时40分（下午3时40分）"；中国干支纪年和夏历月日、1949年以前的历史纪年、日本的非公历纪年，使用汉字数字，并采用阿拉伯数字括注公历，如"丙寅年十月十五日""八月十五中秋节""民国二十六年（1937）""昭和十三年（1938）"。

军队序列、部队番号，按照中日历史文献的习惯用法，一律采用汉字数字：一位数的用一个汉字，如"第六师团"；两位数的带"十"字，如"第二十四军"；三位数（含三位数）以上的，用汉字数字排列表示，如"第八八九团""第一一一六连"。

目　录

综　述

　　1937 年年底南京失守，中国的抗日战争到了一个新的标志性节点。从表面上看，日军的侵略正值气焰嚣张之时，但这种疯狂的背后却隐藏着走向下坡的趋势；一片黑暗的形势下，中国的抗日持久战战略开始逐渐显现其作用。

　　日军攻占徐州后，下一个战略目标便是武汉。武汉位于中原地区交通枢纽位置，战略地位重要，有"九省通衢"之称，早已被日本当局列入其侵华战略计划。日方战前在汉口的日租界已经形成了以日本居留民为主体的准军事武装，日本海军也在长江江面停泊兵舰，随时准备对华开战。

　　中国方面亦高度重视武汉及华中地区的保卫工作。中方按照战前所拟的抗日方略，对华中地区进行了全面部署，准备将其建成沿海抵抗的后方和退往西南的第二道国防屏障。对于日本在武汉的备战情况，中方也已经了如指掌。七七事变发生后，中国统帅部制定了封锁长江下游围歼长江中日舰的计划，并对日方在武汉的军事武力作了"歼灭性的处置"方案。只是由于这一计划被日本间谍、中国行政院秘书黄浚密告日方，长江中游日本船只及军舰急速向下游逃窜，使中方未能达成目标。由此日本战前在武汉地区的战备亦告落空。

　　南京失守后，日军统帅部计划，以主力由徐州沿陇海路西进，再沿平汉线南下攻打武汉。另以华中方面军由合肥趋信阳，溯长江而上武汉，作为辅攻，准备在武汉地区捕捉并围歼中国主力军。

　　日军攻占徐州后，其机械化部队土肥原师团、九岛师团等部立刻沿陇海路两侧猛烈向西进攻，很快攻入豫东地区。中国统帅部急调一战区前敌总指挥薛岳所辖兵团组织兰封战役，意图阻止日军西进，但未能成功。1938 年 6 月 6 日，开封陷落，日军先头部队抵达中牟、尉氏等地，郑州已危在旦夕。

　　蒋介石对北方日军之凶猛进攻忧心忡忡。他在开封失陷前夕，亲自由武汉飞往郑州，与第一战区指挥官们商讨阻敌之计。他要第一战区司令长官程潜提出具体的阻敌西进方案。

当时第一战区司令长官部参谋长晏勋甫和谐行两人提议，效法中国古代的传统兵法水淹七军之术，炸开黄河南岸堤防，以水为兵抵抗日军。他们论证说这样可以把日军隔绝在豫东，以保证郑州之安全。程潜对此表示同意，并立即上报。该项计划上报后不一到小时，便收到了蒋介石的批准电。

6 月 1 日，第二十二集团军孙震部的新编第八师在河南花园口炸开黄河大堤，滔滔黄水，一泻千里。豫皖苏 3 省 20 余县顿成一片泽国。洪水将村庄、人畜、田地、房屋一切统统吞没，80 余万人葬身鱼腹，上千万人流离失所。洪水造成了数千公里的黄泛区，给人民生命财产造成了巨大的损失，但黄河决口在一定程度上也达到了阻止日军西进的战略目的，给侵华日军造成了巨大威胁。以机械化部队及骑兵为主的土肥原师团，陷入泥泞与大水之中不能自拔，造成了前后部队的分离。其中一支日军骑兵突击队，冒险深入新郑附近，被洪水遮断后路，中国军队乘机给予围歼，取得了一次小胜。更重要的是，黄河决口阻断了日军从北方战线西进之路，日军现代化部队无法在北线展开，使其进兵中原的计划顿成泡影。黄河决口之后，西进日军陷入洪水围困之中，纷纷搜集门板及其他浮水工具，准备东撤。仅 17、18 两日，日军由铁路线东撤兵力即达万余。同时，日本空海力量亦投入了救援被围部队的工作，"在 16 日至 24 日之间给两个师团投下补给粮秣、卫生材料等，合计约 61 吨半"[1]。日军统帅部原定作战计划被打乱，只好变更战略进攻路线，改以华中方面军绕道合肥、安庆，沿长江线主攻武汉，这在抗战战略上具有重要意义。

1938 年 6 月 13 日，日本内阁召开御前会议，正式作出决定：进攻武汉，彻底打击国民政府，逼其投降，或使之逃往重庆沦为一个地方政府；同时开辟华南战场，占领中国沿海要地广州和闽粤等地，切断中国海上通道，封锁中国之外援。6 月 24 日，日本内阁又举行五相会议，决议贯彻御前会议精神，"集中国力解决中国事变，大概以本年内达到战争目的为前提，使对内对外各种措施一切适应于此"。日本当局为此再增拨临时军费 25 亿日元。日本大本营陆军部认为"攻占汉口作战是早日结束战争的最大机会"[2]，只要占领武汉就可摧毁国共合作抗日的基地，就可以控制中原支配中国。

针对日军的进攻，国民政府军事委员会于 6 月 5 日召开会议，讨论武汉要不要守的问题。在会上有人提出：武汉在政治上不如南京，军事上比不上徐州，经济上不敌上海，文化上不如北平，既然京沪徐平等城市全都放弃了，为何要再守武汉呢？但占主导的意见认为：正是由于上述城市都已放弃了，武汉在各方面的重要性才更突出，成为中方非守不可的重要都市与战略据点。会议最后决定调集兵力，部署保卫武汉之战斗。

中国军队参加武汉会战的兵力计有 130 多个师，100 余万人，蒋介石亲任作战总指挥。中方防卫部队由长江以北的第五战区、长江以南的第九战区组成，以李宗仁、

---

〔1〕（日）日本防卫厅防卫研究所战史室编：《中国事变陆军作战史》第二卷第一分册，田琪之译，宋绍柏校，中华书局 1979 年 7 月版，第 81 页。

〔2〕转引自毛磊等：《武汉抗战史要》，湖北人民出版社 1988 年 7 月版，第 328 页。

陈诚分任司令长官；日军前后投入武汉作战的兵力达 35 万余众。武汉会战自 1938 年 6 月 11 日日军进攻安庆起，至 10 月 25 日中国军队主动撤出武汉止，历时约 4 个半月，双方在华中广袤地区进行了逐城逐地空前的攻防战斗，日军攻势虽步步得逞，但其进军势头已经远不如前期顺利，越打越难，甚至于 10 月初在江西德安万家岭地区，被中方第九战区薛岳指挥所部一举歼灭 4 个联队。日军伤亡逾万，遗尸盈坑塞谷，溪水为之不流，演成武汉会战中著名的"万家岭大捷"，是为抗战初期与"平型关大捷"及"台儿庄大捷"齐名的三次胜仗之一。

在武汉会战中，日军整体战斗力已呈下降趋势，诸多战役中，日军都是在面临战败之最后关头，依靠施放毒气来转败为胜，因为中国官兵装备低劣且受教育程度低，毫无防毒设备与知识，使得违背国际公法的施放毒气手段成为日军的"撒手锏"，具有战场奇效。如 9 月 19 日，日军猛攻潢川，中国守军张自忠部与之激战一周，日军死伤惨重，丧心病狂的日军竟不顾国际公法悍然向中国守军阵地施放毒气。为躲避国际舆论的谴责，日军将烟幕弹和速效毒气混合，并在攻击后杀死所有战俘，毁灭罪证，其手段之残忍无以复加。中国军队官兵大量中毒，日军依靠毒气绝处逢生反败为胜，攻占潢川、罗山，并于 10 月 12 日占领信阳。至此，日军在长江北岸作战目的基本达到。

在武汉会战中，日军使用了被称之为"红剂"的毒气共计 300 余次，发射毒气弹 4 万余发，命中率达 80％，对中国人民犯下了滔天罪行。战后日本百般抵赖，竭力否认其罪行，直到 1984 年在美国国会图书馆发现了日军在武汉会战中大量使用毒气的纪录材料后，日方才承认这一事实。其实，在中国第二历史档案馆所藏有关武汉会战的历史档案中，早就发现有大量的有关日军使用各种化学武器的报告。日军在很大程度上正是依靠这种"特种武器"才很快打入武汉内线战场。对于日军来说，在这一问题上，他们不仅违反了自己也曾签过字的《日内瓦国际公约》，而且其信奉的所谓"武士道""信义"精神也已颓然扫地，在战场上日军虽然取得了军事上的胜利，但却胜之不武。

10 月 27 日，在武汉市郊，守军全线撤退。日军从武昌、汉口渡江占领汉阳，对市民及未及撤走的中国军队伤兵进行了屠杀。10 月 31 日，蒋介石在南岳发表了《武汉撤退告全国军民书》，表示了继续坚持抗战之决心。武汉保卫战至此全部结束。

武汉会战开启了华中战场的帷幕，其后在广袤的华中腹地，形成了持续到抗战最后结束时的 7 年中日鏖战的主战场。

中日战争伊始，日军具备了许多远胜于中国军队的优势，除部队装备精良、指挥官训练有素、各部间动作协调、士兵基本军事素质较高等因素外，其军国主义教育是很有影响力的。

日军士兵在长期的军国主义"武士道"精神和效忠天皇之愚忠教育下，战斗意志十分顽强。他们认为这是为了捍卫天皇和日本国家的"生命线""建立东亚新秩序"而战，认为大和民族是世界上的优等民族，"皇军"是"天之骄子"，而中国人则是"劣等民族""野蛮的支那人"，不堪一击，他们来华作战是为了"制止英美的侵略"，是为日本"开拓新疆域"，故而在战斗中气焰十分嚣张。日军下层官兵基本上出自平民阶层，他们在法西斯政治欺骗和武士道精神的麻醉教育下，泯灭了人性与良知，只知道为天皇献身是自己的"神圣职责"，在其民族固有的顺从、愚忠与顽强奋斗"不达目的绝不罢休"的性格支配下，对中华民族怀有强烈的、盲目的仇恨心理，相信"皇军战无不胜"，一些日军甚至在战败被俘后还用种种方法伤人或自杀。因此，战争初期日军可以狂妄一时，在战场上实际上也取得了不少"战果"。

但是，随着战争的不断深入与扩大，特别是进入华中战场后，日军原有的各种军事优势已渐趋减弱消失。

华中地区地处中国第二级地理阶梯，从丘陵到山地，湖泊星罗，直至高山峻岭，地势逐渐险要。日军在此数省方圆的地区作战，其机械化部队的装备优势开始减少最后直至消失。特别是在赣西、湘北的险要山地，日军坦克大炮无法通行。失去了地面火炮的强力支持，日军步兵逐渐成为与中国士兵对等的单兵作战方式，其战斗力下降在所难免。但总体比较，日军战斗力还是要高于中方军队数筹，只不过在武汉会战中，中国各支武装都迸发出了拼死卫国的勇气，这才造成了日军在战术上取胜而在战略上失算的结局。

武汉会战是正面战场从战略防御阶段转向战略相持阶段的重要标志。在这次大规模的会战中，国民政府统帅部集中使用了我国当时所拥有的陆空军力量，这是继"八一三"淞沪抗日之后，中日硬碰硬军事较量的又一表现。

攻下武汉之后，日华中派遣军总司令畑俊六大将曾拟定计划，准备立即攻打长沙扩大战果，但未得到大本营的批准。不仅如此，大本营还明确指示在华日军改变进攻态势，在正面战场上停止战略进攻，以"确保占领区"为指导方针，把兵力转向解放区战场，对共产党武装及抗日根据地实行大规模的"扫荡战""治安战"，以稳定后方。

由此正面战场便得到了一个相对较为稳定的时期。

然而，中国统帅部当时并没有认识到这一点。武汉失守后，战火燃到湖南省境内，蒋介石估计日军将继续南下，故而决定"以衡山为防御中心"，准备在必要时放弃湖南省会长沙。为了不给敌人留下一草一木，以张治中为首的湖南省政府汲取武汉匆忙撤退之教训，准备在敌人入城前便举火烧毁长沙，以显示"焦土抗战"之决心。

11 月 12 日，日军一部攻占岳阳，长沙城内闻讯陷入一片混乱。次日，当局在忙乱与惊慌之中，竟误信谣言，提前举火，将长沙全城最繁华区域烧得一干二净，"虽远在数十里外而光可烛人，犹如咫尺"[1]。然而，大火过后，日军并没有趁乱攻占长沙，甚至根本就没有继续南下之迹象。中方悟出了一个道理，这就是他们日夜所盼的日军进攻"气势已竭"的时刻终于到来了。蒋介石在分析这一现象时曾十分兴奋地宣布："日军占了武汉并且接着占领我们岳州以后，照敌人的理想，他何尝不想一鼓挺进攻占我们长沙和南昌，然而他进到岳州以后，就不能再攻进来，这就证明他的力量不够，气势已竭。"[2]

---

〔1〕《新华日报》，1938 年 11 月 6 日。

〔2〕蒋介石：《第一次南岳军事会议开会训词》，（台北）"国防研究院"编印：《蒋总统集》第一册，第 1058—1082 页。

1938 年底，国民党副总裁汪精卫投日后，日军为了配合汪伪政权之出台，"决定乘加快在华建立中央政权的势头，于 9 月下旬把敌第九战区军队消灭在赣湘北境地区"。这便是日军攻占南昌及第一次长沙战役的所谓"湘赣作战"之起因。

1939 年 9 月 9 日，日军大本营为适应新时期作战要求，决定撤销华中派遣军司令部，改设中国派遣军（支那派遣军）总司令部，统一指挥在华日军作战。西尾寿造大将任中国派遣军总司令，前陆相板垣征四郎中将为参谋长。新成立之中国派遣军仍然以华中地区为主作战区域，决定在湖南战场采取以攻为守的战略，继续打击中国第九战区军队。此次担任主作战任务的是冈村宁次的第十一军，其下辖第六、三十三、一○一、一○六等师团及海空军各一部。

中方第九战区代司令长官薛岳，遵奉军事委员会指示，在长沙一线展开了积极的抵抗。其基本方法是"利用山地""争取外翼""后退决战"，以便打破日军机械化重武器的装备优势，以我之长克敌之短。

这次战役，日军以湘北为主战场，以赣北为辅战场，故其称之为"湘赣作战"。而中方以为日军是以攻占长沙为目标，故称为"第一次长沙会战"。9 月 23 日，湘北日军主力在赣北、鄂南日军的辅攻下，开始强渡新墙河作战。中国守军作了殊死抵抗，使日军第一、二次进攻均被挫败，死伤无数。恼怒的日军情急之下集中火炮以毒气弹密集轰炸中国守军阵地。河防阵地全被炸毁，守兵大都中毒失去战斗力。日军终于渡过新墙河。

国民政府军事委员会针对战局变化，决定中国军队后撤掩护湘桂、湘黔铁路，必要时准备放弃长沙，战术上采用步步抵抗或让开大路之方法。薛岳遵令留两团兵力牵制日军，其余主力退守长沙设伏。

9 月 26 日至 30 日，第五十二军在福临铺、上杉市等地伏击日军，第七十三军在粤汉路两侧阻击日军，战斗十分激烈。中国军队英勇作战，给予日军大量杀伤，日军遭受沉重打击之后遂不敢贸然前进。

日军在进击过程中，沿路不断遭到中国军队袭扰、阻击、侧击。湖南民众自发组织了各种自卫队打击日军，使日军寝食难安，"各高山顶鸣锣敲梆"，敌膳饮虽具不敢就食，即仓皇向场外逃逸。日军强迫民众带路，当地农民便把日军引入深沟绝壁歧途之上，日军见"山形奇险，丧气折回"。而中国军队在后撤时将大路小路完全破坏，使路上大坑小坑土堆相连，"无论哪一种双轮车都绝对不能通过"，"公路上更掘成深宽的坑，有时连路基都犁如稻田，至于一切桥梁，也都荡然无存"。"马路被掘有时竟长至一百码左右，所以日军的坦克车和大炮一入其中即无法走出"。[1]日军重炮坦克寸步难行，他们只好放弃重武器，这使其攻击力量大大减弱。对此困境，冈村宁次认为，战事再深入下去，将愈加对日军不利，遂产生了撤兵念头。恰逢日军大本营收缩战线命令下达，第十一军遂立即撤退。10 月 14 日，战场已恢复战前态势。第一次长沙之役至此结束。

此役历时月余，日方投入 10 万余兵力，中方投入 30 万兵力，双方进行了相持

---

[1] 陈和坤：《湘北之战》，青年出版社 1939 年版，第 44-45 页。

阶段的第一次认真较量。虽然中国军队伤亡数倍于敌，但日军并未达成捕捉歼灭中国军队主力的目的，且因自身力量之不足，不得已而退回原防线。

薛岳利用这一时机大肆宣扬其"赫赫战功"，对日军的后撤、中国军队乘胜追击作了"扩大宣传"。日本人被中方的"扩大宣传"搞得十分被动，又气又恼。冈村宁次在致派遣军总司令的信中说，"敌虽已决心放弃长沙，而我方竟未加攻略，即恢复军原态势，此不啻号召敌人反击，对其作战军师予以鼓励，努力于提高士气。因此今后当进攻作战之际，一旦攻占要地则必须予以确保"，以免给中方造成宣传借口。

总结"长沙之役"，日方主动撤兵的基本原因，一是在战略上遵奉大本营的指令，准备利用欧战之机发动南进太平洋之役，为此必须先在中国战场收缩战线，故而日军第十军在尚有余力的情况下奉令停止进攻，撤回原防。二是冈村宁次对中国军队的战斗力估计太低，他甚至认为日军一个大队便可对付中国一个师，同时认为在湘北战场中方军队最多只有 30 多个师。而实际上中方兵力是 52 个师。加上交通条件、作战环境以及民众力量等方面因素又不利于日军作战，因此，相对而言，日军战斗力已大大下降。在整个战役中，日军未能完全击破中方任何一个师，更无力再行深入包围中方军队。如果冒险攻打长沙，恐怕很难有必胜的把握，所以冈村宁次愿退而求安。第九战区在此役中受最高统帅部避战保存实力方针之影响，并未投入全部力量。加上薛岳与上级的意见分歧，在战役指挥上平均使用力量，被日军牵住鼻子。而一些非薛系的军队又不听调遣，实际上此役打得并不十分出色。但由于日军后退，这一切都被掩盖了。

第一次长沙会战是进入相持阶段后正面战场上发生的第一场典型的战例，在抗战战略与战术具备了在相持阶段中各战役的代表性特征。在战略上，日军为准备和发动太平洋战争，必须抽调兵力开赴南洋，因此必须在中国战场收缩兵力，巩固占领区稳定战线。对国民政府采取以政治攻势为主、以军事攻势为辅的方针，在军事上不再是以攻城掠地为作战目的，而只以局部的出击与攻势，打击中国军队，捕捉歼灭其有生力量，"打痛他而不是打死他"，以此来协助政治、外交攻势，达成在全局上"不战而胜"解决中国事变的目的，这种变化从根本上是由于日军力不从心造成的，并非出于什么别的原因。在战术上，中国军队在此次战役中采用的是节节抵抗，诱敌深入，让开大路，集重兵于后方要地，待日军孤军深入疲惫不堪之时，加以重兵围歼。其结果往往使日军非溃即退，收到较为理想的效果。以后在二战长沙、三战长沙乃至整个相持阶段各战役中，中国军队多采取此种战术。日军因为处于战略守势，无法纠集大量军队开展全面攻势和持久之斗，即使占领某些城镇亦无法固守，最后无论胜败与否都不得不撤兵原防。

"湘北大捷"对国民政府的对日战略产生了十分重要的影响。其一，国民政府由此确认了日军攻击力量已达极限，从而增强了坚持抗战的决心，使因汪伪降日而造成的内部失败主义、妥协情绪为之一扫；其二，在当时苏日达成"诺门坎停战协定"、德国军队席卷欧洲、世界大局黯然之情形下，此役在国内外造成了有益的影响，特别是对提高国内军民抗日勇气、鼓舞士气起到了良好作用。国民党及其最高领导阶层也因此认识到，在国内抗日正面战场上能否抵抗住日军，并非完全取决于国际力量和外部因素，而主要在于"我前方同志努力与否，以及努力有无成效"，即要依靠自己救自己。日军的退却使"皇军不可战胜"神话破灭。"此次战争，不仅日军心理动摇，而且完全表现出他们失败涣散的心情，尤其国内民众看到军阀之穷兵黩武、永无结束之时，格外表示厌恶。""敌我两方军民士气与心理之消长情形如此，实为我们抗战胜利之最大关键"。[1]

长沙之役后，中方统帅部于1939年10月底在南岳召开了"第二次南岳会议"，明确中国政府对于抗日的立场与态度。蒋介石在会上发表讲话说：在"湘北大捷"之后，国民政府坚定信心，决不与日本妥协，坚持抗战。但是，随着欧战的爆发，只有等待"世界问题得到解决之日，始能获得抗战的最后成功"。"无论日俄停战或苏俄进军波兰，与我国抗战并没有什么妨碍，而且我们抗战始终是靠自己努力，只要我们自身能持久奋斗，愈战愈强，国际形势就会朝有利于我们的方面好转。"

遵照这一方针，国民政府军在"抽调部队轮流整训"以期恢复战斗力之同时，部署各主要战区部队发动系列较大战役，并取得了不少成果。总计在这3年左右的时间里，中国军队在华中战场上组织了长沙（第一次、第二次）、随枣、枣宜等较大规模的战役，其中虽有因日军进攻而引发的，但亦有由中国军队主动发起的战役，如1939年底的"冬季攻势"便是如此。从武汉失守到太平洋战争爆发的这段时间内，中日军队在正面战场上还进行了大小战斗约计496次，占全部抗战时期战斗次数的44%，其中国军队伤亡人数达137.6万，占整个战争时期中方伤亡数的43%，超过了抗战第一阶段及太平洋战争后至抗战胜利的第三阶段之数目。而其中绝大多数的战役是发生在华中战场上的。

1943年是第二次世界大战的重大转折年。在欧洲战场，苏联红军击破了德国法西斯主力，转入反攻阶段；英美联军结束了北非战役，在意大利西西里岛登陆，墨索里尼法西斯政权垮台。在太平洋战场，日本逐步丧失了海空军优势，不得不转攻为守，美军已在所罗门群岛及新几内亚等地开展反攻作战，目标直指日本本土。日军在南洋一带50万军队陷入孤立无援、坐以待毙的境地。在中国战场，中美空军频频出击，猛烈轰炸台湾日军机场及各地重要目标，拦截日军舰船，给日军重大威胁。正面战场战事虽然总体处于对峙状态，但战局之发展已对日军明显不利。

日军大本营为了使东南亚守军与中国派遣军建立直接联系，保持亚太战场之整体性，摆脱被动扭转战局，决心孤注一掷，动用中国派遣军主力，开展一次空前规模的攻势作战。日军计划一举突破中国军队的防线，沿平汉、粤汉、湘桂铁路线向前推进，彻底打通中国大陆通往东南亚半岛的交通线。此次战役，日方称之为"一号作战"。其战略目的有三：其一，建立一条日本——朝鲜——中国东北——中国华北——中国华中——中国华南——越南——泰国——新加坡的"大陆交通线"，恢复同东南亚日本守军的联系，挽救其灭亡，并继续掠夺当地丰富的资源，维持"大东亚圣战"战局。其二，彻底摧毁盟军在中国西南地区遂川、衡阳、桂林、柳州、

---

[1]《蒋委员长南岳党政军联席会议训词（一）》，中国第二历史档案馆馆藏档案七八七。

南宁等地的空军基地，保证日本本土及交通线的安全，支持日军在中国战场的作战。其三，通过对中国军队的全力打击，进一步摧毁其继续抗战的意志，希望在中国战场收到意外之效果。

为完成"一号作战"计划，日本再次在国内进行了总动员，向中国战场增调了14个独立步兵旅团和8个野战补充队，停止了从中国战场调兵东南亚的计划。1944年1月，日本中国派遣军总部拟定了"一号作战"计划大纲，动员总兵力达50多万人，日军由华北第十二军开展平汉路作战，华中第十一军及华南第二十三军实施湘桂作战，并立即付诸行动。

中国方面根据这一战役作战地域特点，称之为"豫湘桂战役"。

当时正面战场上的中国军队总兵力达650万人，编制上有340多个步骑兵师。但这支部队经过长期与敌对峙，养成了散漫、腐朽之习气，其战斗力已较抗战初期大为下降，结果在整个豫湘桂战役中连连失败。这是进入相持阶段后期，国民政府政治、军事、经济腐败日趋严重化而结出的恶果。

整个豫湘桂战役由豫中、长衡、桂柳三次会战组成，其中长衡会战为战况最激烈者。

在"一号作战"的开始阶段，由于中方河南守军汤恩伯部在战场上一败涂地，日军在豫中会战中长驱直入，轻易得手，完成了计划中的打通平汉铁路交通线的"平汉作战"。于是，日第十二军主力按原计划南下配属武汉方面第十一军指挥，又开始了湘桂作战。日本中国派遣军司令畑俊六大将由南京亲赴武汉前线指挥所，部署湖南作战。本来日军华中第十一军拥有兵力36.2万余人（海空军不在内），是日本中国派遣军实力最强的一支部队，但为了稳操胜券，日军又增援了10万余兵力，发动了自称为七七事变以后最大的一次军事行动。其作战规模只有1904年日俄战争可以相比。为此，日方特别选择了1905年日军获胜的纪念日——5月27日作为发动进攻的日期，试图重演历史。

此战役由日军第十一军军长横山勇指挥。战前日军派出二线兵力3个师团专门用于阻止中国第六战区等各部增援部队。第九战区薛岳部根据前三次长沙战役经验，依然准备从正面节节抵抗日军的攻势，然后后退决战。但是，日军这次动员了空前数量的兵力，在100余里宽的正面战线上分三路齐头并进，无形中已将中方"侧翼迂回"的计划彻底打破。尽管中方第九战区亦有10个军30个师近40万兵力，装备也不错，但在日军强大攻势面前，很快便陷入混乱。平江一战，守军几遭全歼。日军完成了对长沙的两翼包围。6月18日，长沙失陷。接着，日军继续南侵。25日，蒋介石电令确保衡阳，夹击来犯之敌，并命令衡阳守军方先觉部第十军"死守衡阳"。

6月23日，日军第六十八师团以施放毒气进攻拉开了衡阳之战序幕。双方激战至28日，中方放弃湘江东岸阵地，集中兵力守城。由于战斗空前激烈，日军战斗力也有下降，到7月1日，"围衡之敌，攻势已颓，四出掠粮，炮兵停射，空乏之象毕露"[1]，因此不得不停止进攻，等待增援。至20日，日军得到补充后，向衡阳发起第二阶段

---

〔1〕《湖南会战战斗要报》，中国第二历史档案馆馆藏档案七八七。

猛攻。日军频频使用毒气、燃烧弹。衡阳城内一片火海，但守军依然不退。整个战事呈现胶着状态。28 日，日军发起了第三次总攻。双方在极端恶劣的环境下激战空前。日军一〇九联队第一大队在 20 余天中连换的 3 任大队长均战死前沿，全大队官兵最后仅剩下 7 人。大批日军连伙食都无法保证，只好食用田间未成熟稻米，以咸盐下饭，敌军总指挥横山勇腹泻病倒不支。中方情况亦复如此，各部战病饥饿减员很多，预七师三十团第一营 450 人战至仅剩 20 余人生还。方先觉军长向蒋介石急电报告了前线"不忍详述"的惨状和战线危急情形，蒋复电勉其"不成功便成仁"。7 日，日军攻入城内，中国守军与日军展开激烈巷战，方先觉致电蒋介石，表示"职等誓以一死报党国，勉尽军人天职"。蒋复电"援军明日必到衡阳城，决不延误"，并于当夜"三度向上帝祷告"。8 月 8 日，方先觉违背誓言率余部向日军投降，衡阳终陷敌手。

持续 47 天的衡阳保卫战是"豫湘桂战役"中的一场硬仗，双方均受重创。此役我第十军共伤亡 1.5 万余人，其中阵亡 7600 余，残存伤病员 2600 余人，被俘后遭日军虐杀者甚多；日方自称伤亡 19380 人，其中各级将领战死 390 人、负伤 520 人。

当时集结在衡阳外围的中国军队共有 8 个军，总兵力 10 万以上，蒋介石虽严令其增援，副总参谋长白崇禧还曾亲赴桂林协调指挥，但各部仍畏缩不前。其中，第六十二军表现出色，打到衡阳南郊及西站，但在日军重兵攻击下，后援部队孤军作战，损失惨重，很快败归。此后衡阳便未得任何外援，这是造成衡阳战事最后失败的关键原因。

至于第六十二军军长方先觉在率部激战后的失节投降，虽然原因复杂，但毕竟是一件很不光彩的事情，事后在军统组织营救下，方先觉潜回到重庆。蒋介石为了粉饰一败涂地的战事，把降将方先觉吹嘘为英雄，这足以表明最高当局领导无方，也显示了临近胜利前夕中国政治之黑暗程度。

衡阳守军的投降使整个战局发生了突变，中方集结部队来不及应变，整个战事陷入混乱局面。日军则乘胜南侵，并改调华北方面冈村宁次大将继任第六方面军司令官，指挥第十一、二十三、三十四军等部沿湘桂路向广西进击。战火燃进广西，开始了桂柳会战，最后日军占领贵州独山，威胁到重庆。12 月 10 日，由南宁南下与由越南北上的日军在绥渌会师。这样，日军"一号作战"计划基本完成。

实际上，经历了半年多连续作战消耗的日军已成强弩之末，不仅给养断绝，兵源不足，而且士兵仍着单薄夏服，军靴早已破烂不堪，加上中美空军不断轰炸，战斗力已难以为继。12 月 4 日起，日军在对独山、六寨等地进行彻底破坏之后，开始后撤。濒危之战局，趋于缓解，国民政府终于松了一口气。

接着，趁日军撤退之机，何应钦与汤恩伯等人齐集贵阳，指挥各部跟进收复失地，12 月中旬收复南丹，沿河池一线与敌对峙。至此，"桂柳会战"亦告结束。

大陆交通线的打通，并未能挽救日军必然失败的命运。此时，一方面美军在太平洋战场连连得手、迅速挺进，美军完全控制了太平洋上的制空权，美重型轰炸机频繁空袭日本本土，已经进入日本的防卫内圈。另一方面中美空军已掌握了中国战场的制空权，日军打下的大陆交通线，在盟军飞机攻击下，实际上这条红线上天天在冒着火光，大批桥梁、车站、机车甚至铁路机修厂都被炸烂，"大陆交通线"已没有实际价值。另外，美军 B-25 重型轰炸机，每天还从中国湖北老河口、湘西芷江等机场起飞，对日军各据点要地实施攻击，压得日军抬不起头。日军实际已面临全线崩溃之境地。

为了作最后的挣扎，日军统帅部决定改变原来的战略，集中兵力加紧防守日本本土、朝鲜及中国沿海核心地区。为此，必须立即着手从中国西南收缩战线，把战略重心转向以日本本土为中心的"最后防卫圈"，布置"大陆决战"。

1945 年 4 月，日本中国派遣军决定立即从西南、华南撤军，将广西南宁地区的第十一军 3 个师团调往宁沪沿海地区，将湖南长沙第二十军调往华北，将第三十四军部分由武汉调往东北和朝鲜，将二十三军由广东、江西调往华东地区，目的是集中力量准备抵抗中国军队的反攻和防备美军在中国沿海的登陆作战。

在收缩兵力的同时，日本中国派遣军总司令冈村宁次还决定于 1945 年春夏之际开展局部攻势，发动豫西鄂北战役和湘西战役（芷江战役），以摧毁豫西、湘西中美空军基地为作战目的。

3 月 21 日，日军调动 7 万兵力分途向豫西南阳及鄂北老河口等地侵犯，第五战区抗击不力，南阳、老河口空军基地于 4 月初先后陷日，后经中方反击始行收复。

4 月 9 日起，日军又以同等力量分三路向湘西芷江发动进攻。中国军队在王耀武司令的指挥下，后退诱敌。日军以数月前"一号作战"的经验，以为中国军不堪一击，故而不顾地形之不利重犯冒险深入之错误。而这时他们面对的是已经用美式装备重新武装起来的中国军队，双方战斗力之对比已经发生了重大变化。

5 月初，中国军队在给予日军顽强抵抗后转入反攻，将日军主力第一一六师团分割围歼。日军在中方空陆部队猛烈打击之下，死伤惨重，师团长命令各部抛弃一切行装拼死抵抗，准备全军"玉碎"。大本营派出的援军亦被中方包围。双方血战至 5 月 20 日，残余日军侥幸突围逃窜。6 月初战事停止。

总计此役，中方投入部队 6 个军 11 个师计 20 万人，伤亡 1.9 万余人，歼灭日军 2 万余。重庆《大公报》曾转引《纽约日报》的评论说，这场战役"为一九三七年亚洲战争发生以来，华军首次以其与敌同等之武器在国内与日军作战。在空军密切掩护下，具有优良装备之华军，现已粉碎日军进犯重庆东南二百五十英里芷江美军基地之企图。此一佳音，可视为中日战争转折点之暗示"[1]。

华中战场上的湘西战役是日本投降前发生在中国正面战场上的最后一战，以中方全胜而告结束，日军连芷江机场都没看见便大败而归。从此，日军结束了在中国战场上的全部战略进攻。

[1] 重庆《大公报》，1945 年 5 月 15 日。

第一章

会攻武汉

1938 年 4 月，日本大本营陆军部曾计划自郑州沿平汉线南下，另以一部由南京溯江西进，从北、东两路包抄武汉。但考虑到中国地域辽阔，战场过远不便指挥，遂改为以主力第二军沿淮河西进大别山北麓，由信阳转沿平汉线南下，从北围攻武汉，以第十一军从南京溯江西进。6 月 9 日，中国军队效仿古法以水代兵，炸开黄河花园口，决堤的河水使豫、皖 5 万多平方千米成为泽国，日军部队根本无法沿平汉线南下，因此放弃以主力沿淮河西进大别山的计划，改为以主力沿江向武汉推进，另以一部由淮河以南向西翻越大别山，进犯武汉。

1938 年 6 月 13 日，日本内阁召开御前会议，正式作出决定：进攻武汉，彻底打击国民政府，逼其投降，或使之逃往重庆沦为一个地方政府，占领中国沿海要地广州和闽粤等地，切断中国海上通道，封锁中国之外援。6 月 24 日，日本内阁又召开五相会议，决议贯彻御前会议精神，"集中力量解决中国事变，大概以本年内达到战争目的为前提，使对内外各种措施一切适应于此。"[1] 为此再增拨临时军费 25 亿日元。日本大本营陆军部认为"攻占汉口作战是早日结束战争的最大机会"，只要占领武汉就可以摧毁国共合作抗日的基地，就可以控制中原支配中国。

为部署武汉会战，日军以华中派遣军总司令畑俊六大将为总指挥，调动了日本陆军全部兵力的三分之一，即 14 个师团的力量，外加 300 余架飞机、120 余艘舰艇，准备沿长江一线分五路向武汉进攻。叶剑英曾将日军的战役布置高度概括为："以多数空军掩护海军，以海军掩护空军，沿江跃进，企图迅速夺取武汉，控制长江天堑，横切中原，以遂其切断我南北交通的毒计。"[2]

7 月初，日军华中派遣军的兵力由徐州会战后的 3 个师团一下子增加到 14 个师团另 2 个旅团、2 个支队，并编组为第二军、第十一军和直辖部队、航空兵团等 4 个作战单位。华中派遣军司令畑俊六大将，第二军司令东久迩宫稔彦中将，辖第三、第十、第十三、第十六共 4 个师团和野战重炮第五旅团及直属部队等；第十一军司令冈村宁次中将，辖第六、第一〇一、第一〇六、第二十七、第九共 5 个师团和波田支队、野战重炮第六旅团及直属部队等；派遣军直辖部队第十八、第一一六、第十五、第二十七、第二十二共 5 个师团；航空兵团司令德川好敏中将，辖第一、第三、第四飞行团及直属部队。总兵力约 30 万，并有配备飞机 300 架，舰艇 120 艘。

中国统帅部鉴于南京保卫战演成瓮中之鳖的惨重教训和武汉三镇无险可守的情形，决定一改过去守城阻击的作战方式，把防守重点放在武汉外围地区。在江南，以赣鄂山区为新成立的第九战区的主战场，陈诚任司令长官。在江北，以鄂豫皖交

---

[1] 毛磊等：《武汉抗战史要》，湖北人民出版社 1985 年 7 月版，第 328 页。
[2] 华泽：《武汉会战纪略》，载《抗战中的武汉》，武汉市政协等编印，1985 年内部版，第 95 页。

界处大别山区为第五战区主战场，李宗仁任司令长官。统帅部位居武汉，居中协调指挥。中国军队参加武汉会战的兵力有 130 多个师，100 余万人。至 1938 年 5 月，在北起横店，南至贺胜桥，东起葛店，西至新沟的武汉城防区，共构筑起 650 个防御工事，筑成以武汉为核心的纵深防御阵地。

1938 年 6 至 10 月，中日双方在长江南北安徽、江西、湖北、河南四省数千里战线上进行了大小数百次战斗，中国军队取得了万家岭大捷等数十次战斗的胜利，但随着武汉外围城市和据点相继失守，武汉三镇三面受敌，1938 年 10 月 24 日，蒋介石下令撤出武汉，27 日，日军占领武汉三镇。

日军进攻武汉期间，在苏联航空志愿大队的配合下，中国空军与日军航空兵空中激战 7 次，击毁日机 78 架，击沉日舰 23 艘，有力地支援了地面部队的作战。中国海军也英勇作战，击沉、击伤日军舰艇及运输船只 50 余艘，击落日机 10 余架，但自身也遭受重创，几乎全军覆没。

武汉会战是中日军队最大规模的一次会战，此役之后，日军已无力再进行大规模战略进攻，中日双方进入战略相持阶段。

一、攻占九江

1938 年 5 月，日军拟由沿淮河一线进攻大别山以北地区，由武胜关攻取武汉，同时以一部沿长江西进，会攻武汉。后因黄河决口，被迫中止原定沿淮河进攻的计划，改由以主力沿长江两岸进攻武汉。

5 月 29 日，日本大本营命令华中派遣军与海军中国方面舰队协同作战，次第攻取安庆、香口、彭泽、湖口及九江，并以此作为进攻武汉的战略基地。

安庆被占领，致使武汉的外围江防被日军撕开了一个缺口。6 月 18 日，日本华中派遣军及海军军令部同时向波田支队及中国方面舰队下达了"由扬子江溯江行动，占领湖口及九江地区"的命令。6 月 22 日，日军波田支队与海军第十一战队由安庆溯江西进，进逼马当。

马当属江西省彭泽县，是长江中最重要的要塞之一。江中的小孤山与之成掎角之势，形成天然屏障。江流为沙滩所阻形成左右两股水道，左水道狭窄不通，流经马当山下的右水道是一条主要航道，其河面宽不及 500 米，水流湍急，两岸地势险要，是长江中游的天堑要隘。为阻止日军西进，中方在江心沉船建成阻塞线，仅在长江南岸留有狭窄航道。

中国军队在长江两岸险要处设有炮台、战壕、碉堡等江防工事，水面布置千余枚水雷，组成江面防线。马当要塞由江防要塞守备队第二总队、第四十三军第二十六师以及炮兵第八团、第四十一团等部守备；马当下游的黄山、香山、藏山矶等处，由江防军第十六军第五十三师和第一六七师守备。

日军军舰溯江进攻时，遭到中国守军炮台的轰击，中方飞机亦从空中轰炸，日军有 3 艘汽艇被岸上炮火击沉，1 艘运兵战舰触雷沉没。经过两天激战，日军仍无法打通江上通道，被迫放弃从江上进攻计划，波田支队改以一部兵力在马当东侧香口一带登陆，向马当要塞迂回进攻。

中方第十六军负责马当—湖口防御，军长李蕴珩此时正在调训十六军的军官及当地乡保长。大敌当前之际，李蕴珩竟在 6 月 24 日举行调训结业典礼，令各部队军官前来参加。守卫香口江防的五十三师三一三团连以上军官和其他十六军所属部队的军官都于 23 日晚去了马当镇，准备参加次日的结业典礼。23 日晚，马当守卫空虚的情报已经被汉奸传给了日军。24 日凌晨 4 时，波田支队从香口江边上岸，偷袭五十三师三一三团阵地，由于该团连以上军官多已奉命给李军长的结业典礼捧场，中方众兵士无人统领，一片混乱，日军突袭成功，香口及香山等阵地相继失守。

负责马当要塞防守的守备第二总队总队长鲍长义没去参加李军长的聚餐会，其属下均坚守在阵地。鲍队长将所属 3 个步兵大队安置在马当以东的长山阵地 8 个坚固工事里防守。坚守阵地的鲍长义在 24 日拂晓获悉香口失守，第一时间紧急向武汉江防司令部报告。日军在占领香口、香山等阵地后，于24日早8时，又向长山发起了猛攻。波田支队的3个突击队从太白湖口向长山阵地冲击。由于江水上涨，太白湖边的稻田已被江水淹没，漫漫湖荡中，日军重机枪火力难以发挥，在长山阵地守军顽强抵抗下，日军数次冲锋均告失败。黔驴技穷的日军出动10多艘军舰向中方阵地轰击。香口日军在军舰掩护下趁势再次由湖荡向长山突击，但仍被中方阻止于湖荡之中。蒋介石、陈诚同时从武汉来电，传令嘉奖英勇抵抗的第二总队官兵。6月25日，第十六军第六十师在空军的配合下，向登陆的日军展开反击。空军击沉日舰2艘，重创1艘。第六十师在空军掩护下将日军步兵迫退至长江边，于当日中午收复香山、香口。但至下午，日军军舰、援兵陆续到达，在舰炮的掩护下展开登陆反扑，香山、香口再度易手。长山守军在日军炮火攻击下，伤亡惨重，急待补充。鲍长义向军长李蕴珩请求增援，驻防彭泽的第一六七师师长薛蔚英奉命赴援，但他畏敌如虎，故意拖延时间，致使长山失守。日军于26日拂晓前，偷袭长山西端第二总队第七中队阵地并施放毒气弹，第七中队官兵几乎全部中毒身亡。清晨，日军在飞机的掩护下，以汽艇冲入江面布雷区以火力引爆水雷。日海军陆战队则以舰艇运载，从藏石矶登陆。香山日军炮兵和江面海军以强火力轰击长山阵地，鲍长义无奈下令撤退，日军遂攻占马当要塞。

马当要塞失守，长江门户洞开，武汉危在旦夕。蒋介石下令中国守军全力反击，收复马当要塞。第十六军、四十九军等部遵令向香山日军发起反攻，一度收复香山，并重创日军，但因日军援军不断，最终未能收复马当。此战之后，第十六军军长李蕴珩受到军纪制裁，第一六七师师长薛蔚英因贻误战机而遭枪决。

日军攻陷马当要塞后，于6月29日以爆破队打开马当封锁线，疏通了长江航道。随之，波田支队等部队在海军的协同下，沿江西进，当日攻占彭泽。

7月1日起，日军以陆海空军协同作战，猛攻九江门户湖口，中方第二十六师刘雨卿部奉命死守湖口，经过数日激战，日军波田支队以施放大量毒气的手段突破了中国守军阵地，7月4日，湖口失守。

湖口被日军所占，九江屏障顿失。九江是湖北、江西之门户，地理位置极为重要。中方部署了10万大军固守九江，力图阻挡日军的进攻。日军占领湖口后，第十一军司令官冈村宁次即下令向九江展开进攻。

日军第十一军在九江战役发动前夕正式组建。6月21日，日本在国内组建第十一军司令部，任命关东军第二师团团长冈村宁次中将为军司令官。7月19日，冈村宁次正式下达进攻九江的作战命令：令第一○一师团推进至湖口附近，接替第一○六师团的守备任务；令波田支队、第一○六师团与海军协同，于23日开始向九江进攻，并做好向瑞昌、德安进攻的准备；令第六师团由潜山向太湖、宿松、黄梅进攻，以策应溯江部队作战。7月22日，冈村宁次的指挥所推进到了湖口的石钟山下。

九江北临长江，东滨鄱阳湖，日本海军和空军极易发挥其优势。九江守城相当困难，必须在九江西南丘陵地带设立二线阵地，但蒋介石下令第九战区第二兵团司令官固守九江。

7月23日零时，日军波田支队在海军第十一战队的掩护下，由湖口乘船到鄱阳湖中鞋山附近，再由姑塘强行登陆。凌晨，日军几十架战机在天空轰炸扫射。鞋山日军炮兵阵地及鄱阳湖上日军舰炮，猛烈炮击守军，据守滩头的中方军队全部牺牲。奉命增援的十五师和一一八师在日军炮火攻击下根本无法靠近。23日中日双方激战一天。24日，波田支队及第一〇六师团主力已全部登陆，并占领姑塘。是日，日军派出约一百余架次飞机向九江城区轮番轰炸。25日拂晓，日海军以艇炮向锁江楼宝塔炮击，中炮后的宝塔向东北方倾斜。锁江楼附近炮兵阵地上中方官兵，即以猛烈炮火予以还击，当即击伤敌艇1艘。7时许，日军为掩护其陆战队登陆作战，先行调派日艇20艘、飞机五六十架进入九江城区，对守军阵地和市区进行狂轰滥炸。10时，日军一部在洋油厂方面登陆，并向沙子滩方向进攻。14时，日军又在九江西北的小池口登陆，守军预备第九师及第一一九师虽竭力抗击，终因寡不敌众，退出阵地。从姑塘登陆的日军波田支队和第一〇六师也推进至太阳观，并向妙智铺方向发起进攻，进逼九江城。

在不利战况下，中方决定放弃九江。25日晚，第二兵团司令张发奎下达了从九江撤退的命令，当晚，第二兵团即全线后撤。26日晨，日军波田支队占领九江城区。

日军占领九江后，波田支队继续沿长江西进，8月10日，在瑞昌东北的港口登岸。中方守军第三集团军在第三十二军团增援下奋力抗击。后因日军第九师团加入战斗，守军力战不支，24日日军占领瑞昌。

第三十集团军和第十八军等部在瑞昌—武宁公路沿途地区逐次抗击，相持月余，至10月5日，日军二十七师团攻占箬溪后，转攻西北，18日攻陷湖北辛潭铺，并继续向金牛方向进犯。

在此期间，中方守军第三十一集团军和第三十二军团等部在瑞昌西地区节节抵抗沿长江西进的日军，至9月24日，码头镇、富池口相继陷落。

中方第二兵团组织第六、第五十四、第七十五、第九十八军和第二十六、第三十军团等部在阳新地区防御作战，战至10月22日，日军相继占领阳新、大冶、鄂城，日军第九师团和波田支队逼近武昌。

当日军进攻瑞昌之时，第一〇六师从九江沿南浔铁路南犯。中方守军第一兵团第二十九军团和第四、第八军等部依托庐山两侧及南浔铁路北段的有利地形作殊死抵抗，日军进攻受挫。8月20日，日军第一〇一师团从湖口横渡鄱阳湖增援，突破第二十五军防线，攻占星子，协同第一〇六师团企图攻占德安，进取南昌。薛岳以第六十六、第七十四、第四、第二十九军等部协同第二十五军在德安以北的隘口以及马回岭等地与敌激战，双方处相持状态。

9月底，日军第一〇六师团第一二三、第一四五、第一四七团和第一〇一师团第一四九团孤军深入，进至万家岭地区。薛岳指挥第四、第六十六、第七十四军等部从侧后迂回，将日军团团包围。日军第二十七师团一部增援，在万家岭西面白水街地区被第三十二军等部击退。10月7日，中国军队向被包围的日军发起总攻，激战3昼夜，多次击溃日军反扑。日军孤立无援，弹尽粮绝，战至10日，4个团大部被歼。敌尸盈坑塞谷，溪水为之断流。据史料记载，年余之后，战地日军尸体腐烂，密布苍蝇，飞起遮天蔽日。此役为日军侵华开始后死伤最惨重之战役，后被日本军方从战史中删除。而中方为之也牺牲了大量官兵，付出了惨重代价。此战役中方称之为"万家岭大捷"，当时在国内外造成轰动影响，极大振奋了国人抗日决心，其与"平型关""台儿庄"一起被列为抗战防御阶段3次大捷之一。

1

2

3

1 在长江上活动的日军。〔大阪每日新闻社、东京日日新闻社编辑出版：《支那事变画报》第四十辑，1938年至1941年出版发行，第1页〕

2 1938年6月11日，日军陆海军在安庆协同作战。〔牧野喜久男主编：《日中战争》第2辑，每日新闻社1999年版，第151页〕

3 1938年6月，日军沿长江进攻，图为安庆江面日军舰队及水上飞机。〔牧野喜久男主编：《日中战争》第2辑，第148页〕

4 1938年6月11日进攻安庆的日军海军陆战队。〔牧野喜久男主编：《日中战争》第2辑，第151页〕

4

1

2

3

1 1938 年 6 月 11 日，安庆日军海军扫射江岸。〔牧野喜久男主编：《日中战争》第 2 辑，第 150 页〕

2 1938 年 6 月 13 日，登陆安庆的日军冈本部队。〔牧野喜久男主编：《日中战争》第 2 辑，第 152 页〕

3 日军出发前准备。〔大阪每日新闻社、东京日日新闻社编辑出版：《支那事变画报》第三十五辑，第 24 页〕

19

■1■ 1938 年 6 月 24 日，日海军飞机空袭马当镇。〔牧野喜久男主编：《日中战争》第 2 辑，第 153 页〕

■2■ 日海军飞机轰炸彭泽县城。〔牧野喜久男主编：《日中战争》第 2 辑，第 155 页〕

■3■ 1938 年月 6 月 24 日，向马当镇进军的日军波田支队。〔牧野喜久男主编：《日中战争》第 2 辑，第 154 页〕

■4■ 日军占领湖口附近鞋山孤岛。〔大阪每日新闻社、东京日日新闻社编辑出版：《支那事变画报》第三十八辑，第 11 页〕

1

2

3

1 日军占领的湖口附近鞋山孤岛。〔大阪每日新闻社、东京日日新闻社编辑出版：《支那事变画报》第三十八辑，第11页〕

2 日军安藤部队占领湖口附近鞋山孤岛。〔大阪每日新闻社、东京日日新闻社编辑出版：《支那事变画报》第三十八辑，第11页〕

3 1938年7月5日，在湖口附近山区行军的日军波田支队。〔牧野喜久男主编：《日中战争》第2辑，第155页〕

1

2

3

1 日军安藤部队占领湖口附近鞋山孤岛后，部队长安藤坐在奇岩绝壁上留影。〔大阪每日新闻社、东京日日新闻社编辑出版：《支那事变画报》第三十八辑，第11页〕

2 控制鄱阳湖之日海军。〔大阪每日新闻社、东京日日新闻社编辑出版：《支那事变画报》第三十五辑，第1页〕

3 占领鄱阳湖之日海军。〔大阪每日新闻社、东京日日新闻社编辑出版：《支那事变画报》第三十五辑，第2页〕

■1 占领鄱阳湖的日军土师部队。〔大阪每日新闻社、东京日日新闻社编辑出版:《支那事变画报》第三十五辑,第3页〕

■2 鄱阳湖畔,石钟山顶之日军信号兵。〔大阪每日新闻社、东京日日新闻社编辑出版:《支那事变画报》第三十五辑,第3页〕

■3 日海军陆战队在湖口建栈桥。〔大阪每日新闻社、东京日日新闻社编辑出版:《支那事变画报》第三十五辑,第4页〕

1. 石钟山顶休息的日本海军陆战队。〔大阪每日新闻社、东京日日新闻社编辑出版：《支那事变画报》第三十五辑，第3页〕

2. 湖口附近石钟山全景。〔大阪每日新闻社、东京日日新闻社编辑出版：《支那事变画报》第三十五辑，第4页〕

3. 占领湖口的日军。〔大阪每日新闻社、东京日日新闻社编辑出版：《支那事变画报》第三十五辑，第5页〕

4. 占领湖口的日军。〔大阪每日新闻社、东京日日新闻社编辑出版：《支那事变画报》第三十五辑，第5页〕

1 日军进入湖口城。〔大阪每日新闻社、东京日日新闻社编辑出版：《支那事变画报》第三十五辑，第6页〕

2 日军佐藤部队进入湖口。〔大阪每日新闻社、东京日日新闻社编辑出版：《支那事变画报》第三十五辑，第7页〕

3 日军在湖口栈桥进行架桥作业。〔大阪每日新闻社、东京日日新闻社编辑出版：《支那事变画报》第三十五辑，第5页〕

4 日军进入一片狼藉的湖口街市。〔大阪每日新闻社、东京日日新闻社编辑出版：《支那事变画报》第三十五辑，第6页〕

1 日空军轰炸部队进入被占领的中方兵营。〔大阪每日新闻社、东京日日新闻社编辑出版：《支那事变画报》第三十五辑，第7页〕

2 日海军陆战队在鄱阳湖洗澡。〔大阪每日新闻社、东京日日新闻社编辑出版：《支那事变画报》第三十五辑，第15页〕

3 湖口娘娘庙附近渡河的日军高桥部队。〔大阪每日新闻社、东京日日新闻社编辑出版：《支那事变画报》第三十五辑，第15页〕

1

2

3

1

2

敵前上陸

3

■1 湖口附近山地行进的日军高桥部队。〔大阪每日新闻社、东京日日新闻社编辑出版:《支那事变画报》第三十五辑,第15页〕

■2 长江边的日海军陆战队哨兵。〔大阪每日新闻社、东京日日新闻社编辑出版:《支那事变画报》第三十五辑,第24页〕

■3 1938年7月4日,日海军陆战队强攻九江。〔每日新闻社编:《日本的战历》,每日新闻社1967年版,第18页〕

1 日军第一〇一、第一〇
六师团进攻九江。〔牧野喜
久男主编：《日中战争》第
2辑，第160页〕

2 向九江进犯的日军第一
〇六师团。〔牧野喜久男主
编：《日中战争》第2辑，
第210页〕

3 1938年7月26日，日
军突破九江城防工事。〔牧
野喜久男主编：《日中战争》
第2辑，第161页〕

1

2

3

1

2

3

 1938 年 7 月 25 日，攻入九江市内的日军土师吴港第五特别陆战队。〔牧野喜久男主编：《日中战争》第 2 辑，第 161 页〕

 1938 年 7 月 25 日，等待进入九江的日海军陆战队。〔牧野喜久男主编：《日中战争》第 2 辑，第 160 页〕

 进攻九江的日军。〔今井清一：《图说昭和的历史》，集英社 1970 年版，第 91 页〕

1

2

3

1 1938 年 7 月 25 日, 掩护陆军进攻九江的日军舰队。〔牧野喜久男主编:《日中战争》第 2 辑, 1999 年版, 第 177 页〕

2 攻入九江的日海军陆战队。〔平塚柾绪编著:《日中战争·日、米、中报道记录》, 翔泳社 1995 年 7 月版, 第 100 页〕

3 1938 年 7 月 26 日, 日海军特别陆战队攻占九江市内铁桥。〔牧野喜久男主编:《日中战争》第 2 辑, 第 162 页〕

4 攻入九江的日军在街道上欢呼胜利。〔牧野喜久男主编:《日中战争》第 2 辑, 第 162 页〕

4

1 指挥进攻九江的日军波田支队青木敬一少将（左一）与松蒲淳六郎中将（左二）。〔牧野喜久男主编：《日中战争》第2辑，第163页〕

2 日军九江兵站部。〔大阪每日新闻社、东京日日新闻社编辑出版：《支那事变画报》第四十一辑，第2页〕

3 日军在九江运输粮秣。〔大阪每日新闻社、东京日日新闻社编辑出版：《支那事变画报》第三十七辑，第26页〕

■1■ 日军占领九江后，空无一人的大街。〔大阪每日新闻社、东京日日新闻社编辑出版：《支那事变画报》第三十七辑，第27页〕

■2■ 日军占领后的九江桥梁。〔大阪每日新闻社、东京日日新闻社编辑出版：《支那事变画报》第三十七辑，第29页〕

■3■ 日军进攻九江时城内的难民。〔大阪每日新闻社、东京日日新闻社编辑出版：《支那事变画报》第三十七辑，第28页〕

1

2

3

1

2

3

■1 1938年8月初,日军占领下的九江街道。〔牧野喜久男主编:《日中战争》第2辑,第163页〕

■2 九江日军防疫所。〔牧野喜久男主编:《日中战争》第2辑,第210页〕

■3 日军进攻九江,日海军陆战队打着军旗。〔编集人椎野八束:《未公开写真·日中战争》,1989特别增刊,新人物往来社,第183页〕

1

2

3

1　进占瑞昌—马回岭一线的日军。〔牧野喜久男主编：《日中战争》第2辑，第209页〕

2　占领瑞昌的日军集聚在街上。〔大阪每日新闻社、东京日日新闻社编辑出版：《支那事变画报》第三十九辑，第20页〕

3　占领瑞昌的日军。〔大阪每日新闻社、东京日日新闻社编辑出版：《支那事变画报》第三十九辑，第20页〕

4　占领瑞昌的日军吉松部队部队长与军官合影。〔大阪每日新闻社、东京日日新闻社编辑出版：《支那事变画报》第三十九辑，第21页〕

4

1

2

3

1 瑞昌日军野战邮局。〔大阪每日新闻社、东京日日新闻社编辑出版:《支那事变画报》第三十九辑,第18页〕

2 马回岭西北之藤冈部队指挥部。〔大阪每日新闻社、东京日日新闻社编辑出版:《支那事变画报》第四十辑,第19页〕

3 马回岭,日军冈田部队入城。〔大阪每日新闻社、东京日日新闻社编辑出版:《支那事变画报》第四十辑,第8页〕

1

2

3

1

2

3

4

■1 日军第二十七师团在九江西南山地作战，大岭山战斗。〔《决定版昭和史》，第175页〕

■2 日军第二十七师团在九江西南山地行军。〔《决定版昭和史》，第175页〕

■3 日军藤冈部队土田队占领马回岭车站。〔大阪每日新闻社、东京日日新闻社编辑出版：《支那事变画报》第四十辑，第8页〕

■4 日军冈田部队进占马回岭。〔大阪每日新闻社、东京日日新闻社编辑出版：《支那事变画报》第四十辑，第8页〕

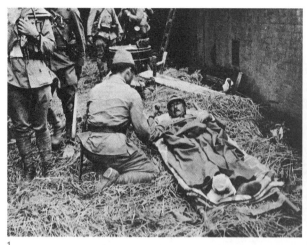

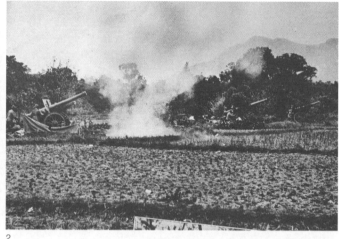

1 脚部受伤躺在担架上的日军指挥官。〔大阪每日新闻社、东京日日新闻社编辑出版:《支那事变画报》第四十三辑,第8页〕

2 日军炮轰箬溪。〔大阪每日新闻社、东京日日新闻社编辑出版:《支那事变画报》第四十三辑,第9页〕

3 进军箬溪的日军先头部队。〔大阪每日新闻社、东京日日新闻社编辑出版:《支那事变画报》第四十三辑,第8页〕

4 冒着中国部队枪林弹雨匍匐前进的日军藤井部队给水队。〔大阪每日新闻社、东京日日新闻社编辑出版:《支那事变画报》第四十三辑,第9页〕

1

2

3

1　1938 年 10 月 5 日，日军进攻箬溪时前线掩体。〔大阪每日新闻社、东京日日新闻社编辑出版：《支那事变画报》第四十三辑，第 9 页〕

2　1938 年 10 月 5 日，日军吉田部队进攻箬溪。〔大阪每日新闻社、东京日日新闻社编辑出版：《支那事变画报》第四十三辑，第 10 页〕

3　1938 年 10 月 5 日，日军进入箬溪。〔大阪每日新闻社、东京日日新闻社编辑出版：《支那事变画报》第四十三辑，第 10 页〕

1 1938 年 10 月 5 日，日
军吉田部队占领箬溪。〔大
阪每日新闻社、东京日日新
闻社编辑出版：《支那事变
画报》第四十三辑，第 11 页〕

2 日军沟口部队进攻排
市。〔大阪每日新闻社、东
京日日新闻社编辑出版：《支
那事变画报》第四十三辑，
第 13 页〕

3 日军进攻排市。〔大阪
每日新闻社、东京日日新闻
社编辑出版：《支那事变画
报》第四十三辑，第 13 页〕

1

2

3

1

2

3

■1 日军竹岛部队观测队。
〔大阪每日新闻社、东京日
日新闻社编辑出版:《支那
事变画报》第四十三辑,第
13页〕

■2 日军竹岛部队欢呼占领
排市。〔大阪每日新闻社、东
京日日新闻社编辑出版:《支
那事变画报》第四十三辑,第
13页〕

■3 日军占领排市。〔大阪
每日新闻社、东京日日新闻
社编辑出版:《支那事变画
报》第四十三辑,第12页〕

1

2

3

▮1▮ 庐山登山口的日军粮秣车
队。〔大阪每日新闻社、东京日
日新闻社编辑出版：《支那事变
画报》第三十七辑，第5页〕

▮2▮ 日军的庐山牯岭炮楼。〔大
阪每日新闻社、东京日日新闻社
编辑出版：《支那事变画报》第
五十九辑，第21页〕

▮3▮ 进攻庐山的日军营地。〔大
阪每日新闻社、东京日日新闻社
编辑出版：《支那事变画报》第
三十七辑，第5页〕

 九江下游的日军海军陆战队。〔《军舰旗》，第208-209页〕

 日军在被其占领的庐山牯岭别墅区留影。〔大阪每日新闻社、东京日日新闻社编辑出版：《支那事变画报》第五十九辑，第21页〕

 日军在庐山牯岭。〔大阪每日新闻社、东京日日新闻社编辑出版：《支那事变画报》第五十九辑，第21页〕

1

2

1 1938 年 8 月 25 日，第
一〇一师团佐藤支队进攻星
子隘口。〔牧野喜久男主编：
《日中战争》第 2 辑，第 213 页〕

2 日军一〇六师团炮兵攻
击庐山。〔牧野喜久男主编：
《日中战争》第 2 辑，第 213 页〕

3 进攻庐山的日军。〔牧
野喜久男主编：《日中战争》
第 2 辑，第 212 页〕

3

1
2
3

4

1 庐山南麓日军第一〇一师团。〔《决定版昭和史》，第170页〕

2 进攻庐山日军战车队。〔编集人椎野八束：《未公开写真·日中战争》，1989特别增刊，第24页〕

3 隘口战役中的日军士兵。〔牧野喜久男主编：《日中战争》第2辑，第215页〕

4 日军占领星子军官学校。〔牧野喜久男主编：《日中战争》第2辑，第212页〕

■1 星子附近的日军运输
队。〔牧野喜久男主编:《日
中战争》第2辑,第214页〕

■2 隘口战役中搬运炮弹的
日军士兵。〔牧野喜久男主
编:《日中战争》第2辑,
第215页〕

1

2

3

1 在星子城外警备的日军大岛部队。〔大阪每日新闻社、东京日日新闻社编辑出版：《支那事变画报》第五十三辑，第17页〕

2 进攻庐山的日军第一〇一师团第一四九连队。〔牧野喜久男主编：《日中战争》第2辑，第214页〕

3 隘口战役中的日军石山部队。〔牧野喜久男主编：《日中战争》第2辑，第217页〕

■1■ 占领牯岭的日军。〔今井清一：《图说昭和的历史》，第93页〕

■2■ 日军挖掘的中方地雷。〔大阪每日新闻社、东京日日新闻社编辑出版：《支那事变画报》第四十四辑，第18页〕

■3■ 日军在战死者墓地致祭。〔大阪每日新闻社、东京日日新闻社编辑出版：《支那事变画报》第三十七辑，第3页〕

1

2

3

1 日军小原部队作战训练。〔大阪每日新闻社、东京日日新闻社编辑出版：《支那事变画报》第四十四辑，第18页〕

2 日军小原部队行进中。〔大阪每日新闻社、东京日日新闻社编辑出版：《支那事变画报》第四十四辑，第19页〕

3 日军进攻隘口。〔大阪每日新闻社、东京日日新闻社编辑出版：《支那事变画报》第四十四辑，第19页〕

1

2

3

4

5

1 进攻隘口的日军清水部队。〔大阪每日新闻社、东京日日新闻社编辑出版：《支那事变画报》第四十四辑，第20页〕

2 日军津田部队占领隘口。〔大阪每日新闻社、东京日日新闻社编辑出版：《支那事变画报》第四十四辑，第20页〕

3 日军占领隘口。〔大阪每日新闻社、东京日日新闻社编辑出版:《支那事变画报》第四十四辑，第18页〕

4 被日军炮击变成废墟的隘口。〔大阪每日新闻社、东京日日新闻社编辑出版：《支那事变画报》第四十四辑，第20页〕

5 长江南岸之日军陆战队。〔大阪每日新闻社、东京日日新闻社编辑出版：《支那事变画报》第四十辑，第21页〕

■1 东孤岭的日军炮兵阵地。〔大阪每日新闻社、东京日日新闻社编辑出版:《支那事变画报》第四十辑,第11页〕

■2 东孤岭的日军津田部队。〔大阪每日新闻社、东京日日新闻社编辑出版:《支那事变画报》第四十辑,第10页〕

■3 在东孤岭行军的日军津田部队。〔大阪每日新闻社、东京日日新闻社编辑出版:《支那事变画报》第四十辑,第10页〕

■4 东孤岭的日军津田部队向中方阵地冲击。〔大阪每日新闻社、东京日日新闻社编辑出版:《支那事变画报》第四十辑,第10页〕

1

2

3

1 东孤岭的日军炮兵阵地。〔大阪每日新闻社、东京日日新闻社编辑出版:《支那事变画报》第四十辑,第11页〕

2 日军在东孤岭休整。〔大阪每日新闻社、东京日日新闻社编辑出版:《支那事变画报》第四十辑,第12页〕

3 进攻东孤岭的日军部队。〔大阪每日新闻社、东京日日新闻社编辑出版:《支那事变画报》第四十辑,第12页〕

1

2

3

1 进攻东孤岭的日军浅田部队之炮队。〔大阪每日新闻社、东京日日新闻社编辑出版：《支那事变画报》第四十辑，第13页〕

2 日军进攻东孤岭。〔大阪每日新闻社、东京日日新闻社编辑出版：《支那事变画报》第四十辑，第18页〕

3 炮轰东孤岭之日舰。〔大阪每日新闻社、东京日日新闻社编辑出版：《支那事变画报》第四十辑，第21页〕

1

2

1 准备作战的日军部队。
〔大阪每日新闻社、东京日
日新闻社编辑出版：《支那
事变画报》第四十辑，第21
页〕

2 日军进攻星子城。〔大
阪每日新闻社、东京日日新
闻社编辑出版：《支那事变
画报》第三十九辑，第5页〕

3 日军进攻星子城之营
地。〔大阪每日新闻社、东
京日日新闻社编辑出版：《支
那事变画报》第三十九辑，
第7页〕

3

1

2

3

■1 星子附近周家嘴高地之日军战壕。〔大阪每日新闻社、东京日日新闻社编辑出版：《支那事变画报》第三十九辑，第18页〕

■2 日军占领星子城。〔大阪每日新闻社、东京日日新闻社编辑出版：《支那事变画报》第三十九辑，第4页〕

■3 日军占领星子城。〔大阪每日新闻社、东京日日新闻社编辑出版：《支那事变画报》第三十九辑，第6页〕

1

2

3

■1■ 占领隘口的日军。〔大阪每日新闻社、东京日日新闻社编辑出版:《支那事变画报》第四十四辑,第20页〕

■2■ 日军占领星子军官学校讲台。〔大阪每日新闻社、东京日日新闻社编辑出版:《支那事变画报》第四十辑,第7页〕

■3■ 日军占领后的星子军官学校。〔大阪每日新闻社、东京日日新闻社编辑出版:《支那事变画报》第四十辑,第7页〕

■4■ 日军占领星子。〔大阪每日新闻社、东京日日新闻社编辑出版:《支那事变画报》第四十辑,第7页〕

4

1

2

3

4

1 日军山田部队在星子城观测哨。〔大阪每日新闻社、东京日日新闻社编辑出版:《支那事变画报》第三十九辑,第6页〕

2 日军星子城救护站。〔大阪每日新闻社、东京日日新闻社编辑出版:《支那事变画报》第三十九辑,第6页〕

3 占领星子城后继续前进之日军津田部队。〔大阪每日新闻社、东京日日新闻社编辑出版:《支那事变画报》第三十九辑,第7页〕

1

2

3

1 日军伤兵。〔大阪每日新闻社、东京日日新闻社编辑出版：《支那事变画报》第三十九辑，第 11 页〕

2 中国军民破坏道路拒敌，星子城附近日军汽车受阻。〔大阪每日新闻社、东京日日新闻社编辑出版：《支那事变画报》第三十九辑，第 11 页〕

3 在鄱阳湖西休整的日军部队。〔大阪每日新闻社、东京日日新闻社编辑出版：《支那事变画报》第三十九辑，第 10 页〕

1

2

3

4

■1■　行进中的日军宫川炮兵
部队。〔大阪每日新闻社、
东京日日新闻社编辑出版：
《支那事变画报》第三十九辑，
第 11 页〕

■2■　庐山日军清濑部队的战
马。〔大阪每日新闻社、东
京日日新闻社编辑出版：《支
那事变画报》第三十九辑，
第 12 页〕

■3■　庐山日军监视哨。〔大
阪每日新闻社、东京日日新
闻社编辑出版：《支那事变
画报》第三十九辑，第 13 页〕

■4■　在庐山行进的日军长谷
部队。〔大阪每日新闻社、
东京日日新闻社编辑出版：
《支那事变画报》第三十九辑，
第 12 页〕

1

2

3

■1 日海军军官在马鞍山要塞。〔大阪每日新闻社、东京日日新闻社编辑出版:《支那事变画报》第四十三辑,第18页〕

■2 陷落后的马鞍山中方碉堡。〔大阪每日新闻社、东京日日新闻社编辑出版:《支那事变画报》第四十三辑,第19页〕

■3 占领马鞍山要塞的日军。〔大阪每日新闻社、东京日日新闻社编辑出版:《支那事变画报》第四十三辑,第18页〕

二、广济之役

　　日军第六师团占领黄梅后，中方第四兵团总司令李品仙重新调整部队，准备从日军侧背反击，切断其后方交通线。日军第十一军司令官冈村宁次在 1938 年 8 月 22 日接到华中派遣军下达的进攻武汉的命令后，于 23 日令第六师团由黄梅攻占广济和田家镇。由于安庆至黄梅间陆上补给线过长且不易防守，日军改在小池口进行补给，并将部队于 8 月 24 日从潜山、太湖转移至宿松、黄梅一带。

　　中方军队经过顽强作战，收复了潜山和太湖，并向黄梅反击，但一时并无进展。8 月 28 日起，中方各部队按部署开始向日军发动反攻。第一七六师附第三十一旅占领王家湾、邢家大湾一线，第一八九师攻占后山铺、作岭一线，第一五〇师占领渡河桥，第一六一师占领左北砦。当日，占领宿松的日军弃城改入黄梅，中国军队占领宿松，并继续向日军进攻。8 月 30 日，在黄梅地区集结完毕的日军第六师团携同增加的 2 个装甲车中队，开始进攻广济。不久，日军第十一旅团攻破中方第一七六师桂家湾一线阵地，31 日，在日军攻击下，中方守军逐次撤退，9 月 1 日至 2 日，日军逐步攻占笔架山、破口山、凤凰山，中方第六十八军退守团山河一线。中方第八十四军在塔儿寨、双城驿一线与日军激战，伤亡颇重，但未能确保阵地。中方及时调整部署，继续与日军激战。日军主力沿黄广公路于 9 月 4 日占领生金寨、湖寨、卓木尖。9 月 5 日，日军第三十六旅团第二十三联队在火炮及飞机掩护下攻占五峰山一线，中方军队与日军反复争夺阵地，激战竟日。9 月 6 日，李品仙决定放弃广济，中方军队撤退。日军第六师团经 8 日苦战，占领了广济，但伤亡惨重，无力继续进攻，被迫转为守势。9 月 7 日，白崇禧令中国军队反攻日军，从 9 月 8 日起，中国军队不断向日军发起进攻，中方第二十六军曾进袭广济，但由于日军在飞机及火炮的支援下，火力凶猛并再次施放毒气，中国军队攻势受挫。

1

2

3

4

■1■ 广济战役中的日军伤兵。〔牧野喜久男主编:《日中战争》第2辑,第201页〕

■2■ 1938年8月,日军进入黄梅城。〔西井一夫主编:《不许可写真》第2辑,第79页〕

■3■ 日军在宿松二郎河上架桥。〔大阪每日新闻社、东京日日新闻社编辑出版:《支那事变画报》第三十七辑,第24页〕

■4■ 向广济进犯的日军牛岛中队。〔牧野喜久男主编:《日中战争》第2辑,第200页〕

1 广济城门上的日军若松部队。〔大阪每日新闻社、东京日日新闻社编辑出版：《支那事变画报》第四十一辑，第 14 页〕

2 被日军炸毁的中方守军广济大队本部。〔大阪每日新闻社、东京日日新闻社编辑出版：《支那事变画报》第四十一辑，第 15 页〕

3 1938 年 9 月，日军攻入广济城。〔平塚柾绪编著：《日中战争·日、米、中报道记录》，第 106 页〕

4 广济西边龙顶山日军内轮部队。〔牧野喜久男主编：《日中战争》第 2 辑，第 202 页〕

1

2

3

4

1

2

3

1 进攻广济的日军。〔大阪每日新闻社、东京日日新闻社编辑出版：《支那事变画报》第四十一辑，第15页〕

2 日军进入广济城。〔大阪每日新闻社、东京日日新闻社编辑出版：《支那事变画报》第四十一辑，第15页〕

3 日军若松部队进入广济城。〔大阪每日新闻社、东京日日新闻社编辑出版：《支那事变画报》第四十一辑，第14页〕

三、攻占田家镇

　　田家镇要塞是武汉外围军方重镇，长江战线之门钥，具有重大战略作用。日军推进进攻武汉的军方行动，首先必须攻占田家镇。日军统帅部极其重视攻打田家镇之役，调集了海陆空重兵进行立体作战，分两路围攻田家镇。1938 年 9 月 18 日，日军在飞机及舰炮掩护下攻占武穴，同时由广济附近派出陆军进行辅攻。日军第六师团经短暂休整补充，开始由广济向田家镇要塞展开攻击。

　　中国军队为保卫田家镇，派出重兵在此镇守。田家镇要塞原属中方第五战区序列，后改归第九战区第二兵团指挥。第二军军长李延年为田家镇要塞北岸守备区司令，以第五十七师担任对东南正面防守，以第九师担任对北、西正面的防守。

　　9 月 15 日，日军出动了数十架飞机、20 余艘军舰向田家镇要塞区守军阵地轮番进行猛烈轰炸，日海军陆战队则在海空军的掩护下，在潘家湾、中庙、玻璃庵一带强行登陆，中国守军第五十七师苦战将其击退。同日，日军第一〇六师团第十一旅团第十三联队及独立山炮兵第二联队凭借其强大的火力优势，突破了第九师在铁石墩的警戒阵地。

　　9 月 16 日，战斗愈加激烈，日海军陆战队在飞机、舰炮掩护下，再次企图在潘家湾、玻璃庵一带登陆。中方军队第五十七师各部队坚守阵地，打退了日军一次次进攻。第九师正面阵地则遭到日第十一旅团的轮番猛攻。第九师将士死守阵地，并派出部队展开反击，但伤亡惨重。9 月 17 日 2 时许，日海军陆战队在舰炮火力支援下登陆，猛攻田家镇外围的武穴，武穴中国守军与日军展开巷战，激战终日，伤亡惨重，余部趁夜突围，武穴陷于敌手。守军在撤退前破坏了武穴以东的江堤，使江水灌入武山湖和黄泥湖，形成泛滥，一度使日军地面部队行动受阻。

　　同日拂晓，日第十一旅团继续猛攻第九师正面阵地，守军苦战不支，该阵地终于被突破，守军转移至骆驼山、涂家湾、潘家湾之线，坚守侧面阵地。18 日晨，日军猛攻骆驼山。10 时许阵地被攻占，第九师又退守香山、竹影山、潘家山之线。16 时 30 分，日军续攻香山，守军全部战死。18 时，日军又向竹影山进攻，被守军击退。同日，为作战便利，国民政府军事委员会又下令将田家镇要塞北岸所有守军划归第五战区，由第四兵团司令官李品仙指挥。19 日晨，日军向第五十七师正面猛攻，于胡家山、乌龟山阵地反复拉锯争夺，相持不下。此时，新投入田家镇战场的第四兵团第二十六军向日军的侧背发起猛攻，占领了四望山、铁石墩等地，切断了日军第十一旅团与广济的联系。日第十一旅团前有第五十七师阻击，后有第二十六军反击，已被围困于马口湖与黄泥湖中间地区。日军为解第十一旅团之围，于 20 日晨急派第三十六旅团第四十五联队增援，但于四望山附近被第一〇三师阻止。日军又抽调第二十三联队一部增援，但亦被第一二一师阻止于铁石墩附近。日第十一旅团得知师团已派出增援部队后，派第十三联队 1 个大队前往接应，同时以主力猛攻乌龟山阵地，为取得突破竟施放毒气。乌龟山守军 2 个连苦战至 21 日 22 时突围南撤，阵地被日军占领。22 日，日军第三十六旅团的增援部队于 18 时攻占四望山。23 日，日军又攻占铁石墩，突破第一二一师阵地。24 日，长江南岸的富池口要塞被日军攻陷，日海军第十一战队亦沿江上驶，田家镇要塞遭日军飞机及舰炮的猛烈轰击，工事严重损毁，守军伤亡甚巨，局势已岌岌可危。

26 日拂晓，日军以舰炮、飞机向要塞猛烈轰击，第三十六旅团及第十一旅团派出接应的 1 个大队向桂家湾阵地合击。经 7 天苦战，日军第三十六旅团在飞机支援下，于 27 日晨与第十一旅团接应部队会合，并向守军黄泥湖至马口湖间主阵地发起进攻，当日突破守军防线，继而占领星家山。同日，日海军第十一战队的吴港第四、第五特别陆战队及山炮队从上洲头登陆，沿江岸向田家镇要塞的象山炮台进攻。守军第五十七师第三四一团团长龙子玉阵亡。第五十七师被迫退守莲花心、玉屏山、陈细湾一线。日军第六师团第十一战队及其登陆部队已对田家镇要塞形成东、南、西三面合围之势。9 月 28 日，日军陆、海、空协同猛攻田家镇及要塞，日军飞机狂轰滥炸，要塞阵地遍地焦土，防御工事全部被毁，中国军队坚守核心阵地固守不退，战至最后一人，全部壮烈牺牲，阳城山、玉屏山阵地相继为日第六师团攻占。当晚，李品仙下令放弃田家镇要塞。所属各部队分别向蕲春、稀水、巴河各地转移，重新组织防御。9 月 29 日，田家镇陷落，日军占据了进攻武汉前长江中的最后一个要塞。此役，日军付出重大代价，日军第十一旅团遭守军第五十七师与第二十六军包围重创，溯江进攻的波田支队和第九师团在激战中损失惨重。

日军特别陆战队进攻码头镇。〔牧野喜久男主编：《日中战争》第 2 辑，第 165 页〕

1

2

3

4

■1■ 1938 年 9 月 11 日，日
军特别陆战队进攻码头镇。
〔牧野喜久男主编：《日中
战争》第 2 辑，第 164 页〕

■2■ 1938 年 9 月 17 日，日
航空队掩护步兵进攻武穴镇。
〔牧野喜久男主编：《日中
战争》第 2 辑，第 166 页〕

■3■ 海军特别陆战队占领码
头镇。〔《决定版昭和史》，
第 174 页〕

■4■ 进攻武穴镇的日海军陆
战队。〔今井清一：《图说
昭和的历史》，第 90 页〕

1

2

3

4

 日军二等兵曹矢野在武穴镇战斗中头盔上被中方打出的弹洞。〔牧野喜久男主编:《日中战争》第2辑,第169页〕

 炮击武穴、码头镇的日海军。〔西井一夫主编:《不许可写真》第2辑,第84页〕

 日机轰炸武穴镇。〔牧野喜久男主编:《日中战争》第2辑,第166页〕

 1938年9月16日晨,日军特战部队集结进攻武穴镇。〔牧野喜久男主编:《日中战争》第2辑,第167页〕

1

2

3

4

■1■ 日军波田支队攻击武穴镇。〔《决定版昭和史》，第175页〕

■2■ 进攻武穴、码头镇的日海军。〔西井一夫主编：《不许可写真》第2辑，第84页〕

■3■ 武穴附近战地做饭的日军。〔牧野喜久男主编：《日中战争》第2辑，第168页〕

■4■ 战火燃烧中的武穴镇。〔牧野喜久男主编：《日中战争》第2辑，第169页〕

1

2

3

 进攻武穴的日军。〔大阪每日新闻社、东京日日新闻社编辑出版：《支那事变画报》第四十一辑，第1页〕

 进攻武穴镇的日军海军特别陆战队。〔大阪每日新闻社、东京日日新闻社编辑出版：《支那事变画报》第四十一辑，第4页〕

 用于地空联络的日军飞机。〔大阪每日新闻社、东京日日新闻社编辑出版：《支那事变画报》第四十一辑，第4页〕

■1 1938 年 9 月 17 日，日
海军陆战队与陆军突入武穴
镇。〔《决定版昭和史》，
第 174 页〕

■2 在武穴休整的日军。
〔大阪每日新闻社、东京日
日新闻社编辑出版：《支那
事变画报》第四十一辑，第
4 页〕

■3 待命进攻田家镇的日军
军官。〔牧野喜久男主编：
《日中战争》第 2 辑，第 170 页〕

1

2

3

1

2

3

1 炮击田家镇的日军。
〔牧野喜久男主编：《日中战争》第2辑，第171页〕

2 向田家镇进发的日海军陆战队。〔牧野喜久男主编：《日中战争》第2辑，第170页〕

3 进攻田家镇的日军池田大队。〔牧野喜久男主编：《日中战争》第2辑，第171页〕

1　　　　　　　　　　　　2

3

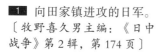

4

1 向田家镇进攻的日军。
〔牧野喜久男主编：《日中
战争》第2辑，第174页〕

2 日海军陆战队进攻田家
镇。〔平塚柾绪编著：《日
中战争·日、米、中报道记
录》，第105页〕

3 进攻田家镇的日军特战
队长。〔牧野喜久男主编：
《日中战争》第2辑，第
173页〕

4 日军进攻田家镇。〔大
阪每日新闻社、东京日日新
闻社编辑出版：《支那事变
画报》第四十三辑，第2页〕

1

2

3

4

■1 日军海军陆战队进入田家镇。〔大阪每日新闻社、东京日日新闻社编辑出版：《支那事变画报》第四十三辑，第5页〕

■2 日军陆海军联合作战，占领田家镇后，山冈（海军）白滨（陆军）两队长会见。〔大阪每日新闻社、东京日日新闻社编辑出版：《支那事变画报》第四十三辑，第3页〕

■3 日军土师部队与続木部队汇合。〔大阪每日新闻社、东京日日新闻社编辑出版：《支那事变画报》第四十三辑，第3页〕

■4 田家镇日军巡逻兵。〔大阪每日新闻社、东京日日新闻社编辑出版：《支那事变画报》第四十三辑，第4页〕

1　　　　　　　　　　　2

3

1 江岸中方守军设置的铁丝网。〔大阪每日新闻社、东京日日新闻社编辑出版：《支那事变画报》第四十三辑，第 20 页〕

2 日军舰炮轰击半壁山守军炮台。〔大阪每日新闻社、东京日日新闻社编辑出版：《支那事变画报》第四十三辑，第 20 页〕

3 日军在田家镇山间行军。〔大阪每日新闻社、东京日日新闻社编辑出版：《支那事变画报》第四十三辑，第 5 页〕

4 中方布设在长江中的水雷。〔大阪每日新闻社、东京日日新闻社编辑出版：《支那事变画报》第四十三辑，第 21 页〕

4

1

2

3

■1 长江上游中方守军堤防被日军轰炸溃决。〔大阪每日新闻社、东京日日新闻社编辑出版：《支那事变画报》第四十三辑，第21页〕

■2 中方半壁山主阵地铁丝网。〔大阪每日新闻社、东京日日新闻社编辑出版：《支那事变画报》第四十三辑，第23页〕

■3 日军进攻半壁山。〔大阪每日新闻社、东京日日新闻社编辑出版：《支那事变画报》第四十三辑，第22页〕

1 日军占领半壁山。〔大阪每日新闻社、东京日日新闻社编辑出版:《支那事变画报》第四十三辑,第2页〕

2 日军土师部队占领半壁山。〔大阪每日新闻社、东京日日新闻社编辑出版:《支那事变画报》第四十三辑,第22页〕

3 日海军陆战队占领半壁山。〔大阪每日新闻社、东京日日新闻社编辑出版:《支那事变画报》第四十三辑,第23页〕

4 日军土师部队占领半壁山。〔大阪每日新闻社、东京日日新闻社编辑出版:《支那事变画报》第四十三辑,第23页〕

1

2

3

4

■1 黄石港之日军舰船。
〔牧野喜久男主编：《日中
战争》第 2 辑，第 168 页〕

■2 日军决死队进攻黄石港。
〔西井一夫主编：《不许可
写真》第 2 辑，第 91 页〕

■3 日舰进攻鄂城。〔西井
一夫主编：《不许可写真》
第 2 辑，第 91 页〕

■4 韦源口的日海军特别陆
战队。〔牧野喜久男主编：
《日中战争》第 2 辑，第 174 页〕

1

2

3

1　高品大佐（左）与石原支队石原常太郎少将在黄州方向作战中。〔牧野喜久男主编：《日中战争》第2辑，第175页〕

2　10月21日，鄂城附近日军舰艇上架设的机关枪警戒哨。〔牧野喜久男主编：《日中战争》第2辑，第179页〕

3　日军占领阳新城楼。〔大阪每日新闻社、东京日日新闻社编辑出版：《支那事变画报》第四十四辑，第24页〕

1

2

3

4

■1 日军占领阳新。〔大阪
每日新闻社、东京日日新闻
社编辑出版：《支那事变画
报》第四十四辑，第24页〕

■2 日军土师部队益山大队
占领汉冶萍制铁所。〔大阪
每日新闻社、东京日日新闻
社编辑出版：《支那事变画
报》第四十四辑，第26页〕

■3 阳新战场上日军运输伤
兵。〔大阪每日新闻社、东
京日日新闻社编辑出版：《支
那事变画报》第四十四辑，
第25页〕

■4 被日军占领的汉冶萍铁
矿山中国守军暗堡。〔大阪
每日新闻社、东京日日新闻
社编辑出版：《支那事变画
报》第四十四辑，第27页〕

1

2

3

1 日军土师部队益山大队占领汉冶萍铁矿山。〔大阪每日新闻社、东京日日新闻社编辑出版:《支那事变画报》第四十四辑,第27页〕

2 武汉附近大冶铁矿山被日军占领。〔平塚柾绪编著:《大东亚写战争写真史(5)·大陆战尘篇》,富士书苑昭和二十九年(1954)九月二十五日版,第92-93页〕

3 日军溯江部队向大老山进发。〔大阪每日新闻社、东京日日新闻社编辑出版:《支那事变画报》第四十四辑,第26页〕

4 西寒山上的日军山炮部队。〔大阪每日新闻社、东京日日新闻社编辑出版:《支那事变画报》第四十四辑,第27页〕

4

1

2

3

4

■1 日军陆战队攀登西寒山。〔大阪每日新闻社、东京日日新闻社编辑出版：《支那事变画报》第四十四辑，第26页〕

■2 溯江作战的日军音羽陆战队在蕲春附近。〔西井一夫主编：《不许可写真》第2辑，第87页〕

■3 蕲春河畔前进的日海军土师部队。〔西井一夫主编：《不许可写真》第2辑，第87页〕

■4 蕲春江面日海军土师部队。〔西井一夫主编：《不许可写真》第2辑，第87页〕

1 1938 年 10 月 8 日，蕲春城远景。〔大阪每日新闻社、东京日日新闻社编辑出版：《支那事变画报》第四十三辑，第 15 页〕

2 1938 年 10 月 8 日，日军占领蕲春城。〔大阪每日新闻社、东京日日新闻社编辑出版：《支那事变画报》第四十三辑，第 19 页〕

3 1938 年 10 月 8 日，日军进入蕲春天主教教堂。〔大阪每日新闻社、东京日日新闻社编辑出版：《支那事变画报》第四十三辑，第 19 页〕

1

2

3

四、万家岭之役

1938 年 9 月，日军第六师团已先后攻占黄梅、广济、田家镇；波田支队占领富池口；第九师团攻占太阳寨，进至和尚垴、笔架山；第一〇一师团进抵西孤岭；第一〇六师团占领马回岭；第二十七师团在覆盆山附近与中方守军第八军激战，武汉攻守战事呈胶着状态。

中国军队一改以往死守一城一地的做法，采取灵活机动的游击战，以消灭日军有生力量。日军第六师团在攻占黄梅后，苦战了 8 日，方夺下仅 30 公里之遥的广济，在休整 7 天、补充新兵 3200 人之后，才继续向下一个目标田家镇进攻。

中日双方均拼尽全力，一时难分胜负。日军第十一军司令官冈村宁次急于打开局面，取得突破。他从空中侦察得知，南浔路与瑞武路之间中国守军兵力薄弱，遂令第一〇六师团向西推进，突破中方防线，策应二十七师团作战，以求打破僵局。

日军第一〇六师团，师团长松浦淳六郎，辖步兵一一一旅团（下辖步兵一一三、一四七联队），一三六旅团（下辖步兵一二三、一四五联队），骑兵、炮兵、工兵、辎重部队各一个联队。该师团系特设师团，即预备役师团。特设师团与现役师团在人员数量上无大差别，但作战能力与现役师团相较，其差距甚大。第一〇六师团的士兵，来自于南九州的熊本、大分、鹿儿岛、宫崎 4 县，该师团于 1938 年 5 月在熊本组建成立，随即开赴华中，参加武汉会战。在南浔路战斗中，遭中国守军第八军和第六十四军一五五师重创。第一〇六师团参加战斗的 3 个联队、9 个大队共计 16000 人，伤亡达 8000 人，3 个大队长被击毙，一四五联队长市川洋造中佐和 2 个大队长受重伤，中队长和小队长死伤过半。惨重的损失不仅让第一〇六师团一度几乎失去战斗力，还落得日军第一弱师团的名声。南浔路战斗后，第一〇六师团调回休整和补充。冈村宁次将华中派遣军从杭州地区调来，将第十一军第二十二师团的山炮兵第五十二联队配属给第一〇六师团。整补后的第一〇六师团初步恢复元气，在接到冈村命令后迅速行动，10 月 2 日，师团主力进抵万家岭地区。

当发现日军第一〇六师团孤军深入万家岭地区之后，第九战区第一兵团司令长官薛岳立即给武汉军委会和九战区司令部发电请示："敌松浦之第一〇六师团钻隙精神甚强，已突至我白云山一线纵深。我兵团拟抽调大军，歼灭突入该敌，以定后方。"得到蒋介石同意的电谕后，薛岳立即从德星路、南浔路、瑞武路 3 个方面抽调第六十六军、第七十四军、第一八七师、第一三九师的一个旅、第九十一师、新编第十三师等部队，会同担任正面阻击任务的第四军对日军第一〇六师团采取合围。

身在九江的冈村宁次从空军侦察的情报中发现中方军队已对第一〇六师团形成包围态势。他立即命令第一〇六师团向北转进，向第二十七师团靠拢，同时命令第二十七师团警戒第一〇六师团右翼，协助第一〇六师团突出重围。薛岳发现二十七师团动向后，立即命令从瑞武路赶来的李汉魂所部向柘林以北地区转进，以阻击二十七师团。

第一〇六师团接到冈村宁次的命令，立即开始突围行动。在中国军队的重重包围下，第一〇六师团的日军突然发现他们手中的军用地图无法使用。原来，武汉会战中日军所使用的军用地图，是1926年冈村宁次在孙传芳手下做参谋时窃取而来，但该图多有不准确之处，当地丰富的矿藏又使指南针失灵，第一〇六师团在大山里晕头转向，处处遭到中国守军的阻击，始终无法突出重围。

10月5、6两日，中方七十四军等部在长岭、背溪街、张古山、狮子岩等处与第一〇六师团激战。第一〇六师团在海军第二联合航空队和陆军第三飞行团的掩护下，集中全力猛攻，中国守军沉着应对，致使战况处于胶着状态。6日，薛岳认为歼灭当面之敌的时机已到，下令吴奇伟指挥第六十六军、第四军、第七十四军向右堡山、万家岭、箭炉苏、长岭、雷鸣鼓刘一带的日军发起攻击。令李汉魂部死守阵地，切断第二十七师团和第一〇六师团的联系，于7日14时佯攻正面之敌，并相机向左侧背转移进攻；第六十师、预备第六师及一四二师的七二五团迟滞永武路之敌。炮兵一营一连在棋田以北地区抢占有利地形，以猛烈炮火压制日军。

由于日军疯狂抵抗和日机狂轰滥炸，中方各部队进攻并不顺利。第六十六军以第一九五师及一六〇师一部展开于金蛾岭、公母岭一线，至17时才完成进攻前的准备，随后向驻守石堡山的日军发起攻击。七十四军则直到21时方才就位，开始攻击。日军抢占张古山制高点，并迅速增加兵力，凭险据守。第七十四军五十一师在王耀武师长的指挥下，组织数次进攻均无功而返。三〇五团团长张灵甫亲率一支精干部队，从日军疏于防范的后山绝壁突袭，经过白刃格斗，强占张古山主阵地。拂晓后，日军又组织力量拼力反扑，一度抢回阵地。张灵甫身先士卒，率部死战，虽腿部负伤，仍不下火线。张古山顶一时尸山血海，战况甚为惨烈。

截至9日，各部经过激战，日军伤亡巨大，下层军官更是伤亡惨重，华中派遣军司令官畑俊六不得不向万家岭地区空投了200多名联队长以下军官，加强日军前沿力量，这在整个中日战争中是绝无仅有的记录。

同日，蒋介石亦电令薛岳，令其务必在9日24时前全歼所围日军，以此向"双十节"献礼。

为了给日军致命打击，薛岳命令各部队选拔勇壮士兵组成奋勇队，冲锋在前，各部队紧随其后。薛岳自己也亲临前线指挥部队向箭炉苏、万家岭、田步苏、雷鸣鼓刘、杨家山等地全线发起总攻。经过血战，第一〇六师团的防御阵地彻底崩溃。战至10日晨，第六十六军收复万家岭、田步苏，第四军收复大金山西南高地和箭炉苏以东高地，第七十四军收复张古山，第九十一师收复杨家山东北无名村，第一四二师收复杨家山北端高地。战斗中，第四军前卫突击队曾突至万家岭第一〇六师团司令部附近不过百米，因天色太黑，加之自身伤亡重大，未能及时发觉松浦中将藏身之地。据战役结束后一名日俘供认："几次攻至师团部附近，司令部勤务人员，全部出动参加战斗，师团长手中也持枪了。如果你们坚决前进100米，师团长就被俘或者切腹了。"此役未能生擒松浦淳六郎，实为万家岭之役的最大遗憾。

在中国军队猛攻第一〇六师团的同时，冈村宁次严令各部不惜代价，增援万家岭。10日，第二十七师团一〇二旅团在战车第五大队的配合下，突破七二五团阵地。11日，华中派遣军调驻屯苏州的第十七师团步兵旅团长铃木春松少将率第五十四联队的第一、第三大队，第五十三联队的第三大队及野炮兵第二十三联队增援第一〇六师团。同日，一〇二旅团及战车第五大队突至杨家山附近。13日，日军第十七师团的步兵团到达武开路，与第一〇二旅团会合，并肩向第六十师、预备第六师等阻击阵地猛攻。鉴于基本歼灭第一○六师团的主要目的已经达到，且各部队伤亡均极惨重，薛岳命令各部撤出战斗，全军退守永丰桥、郭背山、柘林一线。随后，薛岳电禀武汉军委会："此次敌穿插迂回作战之企图虽遭挫折，但我集中围攻，未将该敌悉数歼灭，至为痛惜。"[1]10 月 12 日以后中方因"各部苦战，伤亡过重，战力无几"，[2]而被迫转入防守态势。

万家岭之战，虽然未能彻底歼灭日第一○六师团，但中国军队在此次战役中表现出的英勇顽强、不怕牺牲的精神和战术上机动灵活、组织严密的特点，大大震惊了日本朝野和国际社会。而日军整整一个师团几遭全歼，在历史上从未有过。第一○六师团遭此歼灭性打击，已彻底失去战斗能力，随后在南浔路北段担任守备任务，进行休整补充，原定与一○一师团协同进攻南昌的计划也被迫取消了。南浔线上的作战，日军死伤惨重，一○一师团师团长伊东政喜中将被击伤，一○一联队长饭塚国五郎被击毙，该联队全军覆灭。

日军在雷鸣鼓刘留下的字迹。〔曹聚仁、舒宗侨编著：《中国抗战画史》（上），第 357 页〕

---

[1]《薛岳致蒋介石电》，1938 年 10 月 12 日，中国第二历史档案馆馆藏档案七八七。
[2]《薛岳致蒋介石电》，1938 年 10 月 12 日，中国第二历史档案馆馆藏档案七八七。

1 日机轰炸德安。〔大阪每日新闻社、东京日日新闻社编辑出版:《支那事变画报》第四十辑,第15页〕

2 德安作战的日军宇贺部队。〔大阪每日新闻社、东京日日新闻社编辑出版:《支那事变画报》第四十四辑,第23页〕

3 日军士兵搬运炮弹。〔大阪每日新闻社、东京日日新闻社编辑出版:《支那事变画报》第四十四辑,第23页〕

1

2

3

1

2

3

4

■1 德安守军奋勇抵抗日军。
〔曹聚仁、舒宗侨编著：《中
国抗战画史》(上)，第356页〕

■2 德安附近中国守军重机
枪向日军猛烈射击。〔曹聚
仁、舒宗侨编著：《中国抗
战画史》（上），第356页〕

■3 德安日军青木部队。
〔大阪每日新闻社、东京日
日新闻社编辑出版：《支那
事变画报》第四十辑，第2页〕

■4 日军凭吊饭塚国五郎大
佐被击毙之地。〔大阪每日
新闻社、东京日日新闻社编
辑出版：《支那事变画报》
第四十辑，第19页〕

1

2

■1■ 日军祭奠饭塚国五郎。
〔牧野喜久男主编：《日中
战争》第 2 辑，第 217 页〕

■2■ 万家岭张古山山头阵亡
日军之墓碑牌。〔曹聚仁、
舒宗侨编著：《中国抗战画
史》（上），第 358 页〕

■3■ 饭塚之遗物。〔大阪每
日新闻社、东京日日新闻社
编辑出版：《支那事变画报》
第四十辑，第 19 页〕

3

1

2

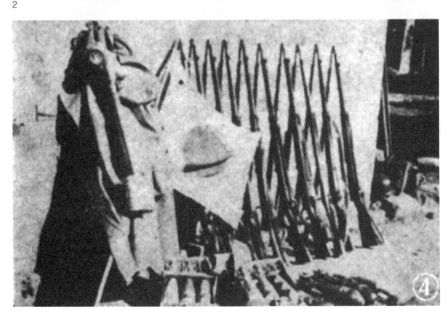

3

■1 日军遗下的骸骨、钢盔及军用品。〔曹聚仁、舒宗侨编著:《中国抗战画史》（上），第358页〕

■2 战死的战马骨骸堆积如山。〔曹聚仁、舒宗侨编著:《中国抗战画史》（上），第358页〕

■3 中国军队缴获的战利品。〔曹聚仁、舒宗侨编著:《中国抗战画史》（上），第358页〕

五、攻占信阳

当冈村宁次指挥的第十一军沿长江两岸西进时，东久迩宫稔彦王率领的第二军主力则计划从大别山北麓经六安、固始、潢川、罗山进攻信阳，然后沿平汉路及其以西地区南下，从北面、西面迂回，包围武汉。

1938 年 9 月初，代理第五战区司令长官的白崇禧急调第三兵团第二十七军团军团长张自忠率曾参加过台儿庄战役的第五十九军开赴潢川布防，阻敌西进，并命令张自忠死守潢川至 9 月 18 日，以掩护胡宗南等部在信阳、武胜关等地集结。

直扑固始、潢川而来的是在台儿庄战役中被中国军队痛击的日军主力第十师团。该师团由筱家义男指挥（原师团长矶谷廉介因战败已被大本营撤职）。第十师团此次挟恨而来，欲报复台儿庄战败之耻，9 月 6 日，来势汹汹的第十师团迅即攻陷固始，然后沿固潢公路直扑潢川。

潢川位于信阳正东，是日军攻取信阳的必经之地。张自忠接到防守潢川的命令后，即率部火速开赴潢川，当时豫南一带气候阴湿，第五十九军官兵多为北方子弟，不少官兵不服当地水土，加之连日急行军，许多士兵患上了恶性疟疾，由于药品匮乏，每日都有数十名官兵死亡。军情紧急，使张自忠不得不痛下决心，严令部队不顾一切向潢川疾驰，终于抢在日军之前赶赴潢川布防。

潢川一带地势平坦，易攻难守，不利于守城御敌，只有在外围扩大布防，才能赢得时间并防止日军迂回包围。张自忠将一八〇师独立三十九旅放在潢川守城；以独立二十六旅前出至城东七里岗布防；以三十八师一一三旅至七里岗以东的春和集先头阻敌；以三十八师主力配置于潢川城西二十里铺地区，担任预备队，防止日军迂回包围。中方军队部署甫定，日军第十师团就杀到了春和集城，与仓促布防的一一三旅迎头相撞。当时，军团长张自忠将军也身染疟疾，但他坚持指挥作战，亲赴潢川城内，给守城的三十九旅安克敏旅长下达了死守潢川的命令。

经过 5 天激战，至 11 日晚，日军第十师团冈田旅团突破了守军一一三旅的防线，占领了春和集。但次日又在黄冈寺遭到独立二十六旅的顽强阻击，双方拉锯式争夺，相持不下。冈田旅团伤亡甚巨，只好停止攻击。14 日，日军第十师团主力稻谷旅团和师团重炮兵进至黄冈寺。鉴于五十九军正面抵抗强劲，日军变换战法，以一部兵力继续攻击正面，主力则溯淮河西上，向潢川西北迂回。15 日，日军攻克潢川西北之息县县城，并继续向罗山方向进犯，企图切断五十九军退路。14 日深夜，潢川东、西、北三面均发生激战。15 日中午，日军派出骑兵突袭五十九军军部。当时拱卫军部的只有一个手枪营，形势万分危急，有人建议将军部南移，但遭张自忠断然拒绝。此时一旦军部转移，不仅影响军心，而且将被敌截断守城部队的唯一退路。张自忠一面指挥手枪营抗击来犯之敌，一面迅速调集部队增援，激战半日，终将日军骑兵击退。日军屡攻屡挫，恼羞成怒，竟惨无人道地施放毒弹，导致中方官兵大量伤亡。16日晨，中方七里岗阵地失守，日军开始向潢川城进攻。紧要关头，张自忠亲自带领一八〇师师长刘振三和军部毅然进入潢川城，守城官兵士气为之大振。16日午后，日军第十师团集中所有野战重炮，向潢川城发起了几天来最猛烈的炮击，全城顿时硝烟四起，毒气四处弥漫。由于没有防毒面具，官兵伤亡数不断增加，刘振三师长也因中毒两次昏迷。张自忠急命军需处给每人分发肥皂和毛巾，用毛巾浸润肥皂水遮掩口鼻，坚持战斗。同时命三十八师袭扰日军后方，牵制攻城之敌。两军战至17日中午，城北、城西角城垣均被日军炮火摧毁，日军蜂拥攻入城中，潢川已危在旦夕。张自忠命令士兵用刺刀与敌肉搏，顿时，潢川城内手榴弹的爆炸声和喊杀声震耳欲聋。张自忠下令各部队组织敢死队，向冲进城内的日军发起反击，死命封堵已被日军打开的缺口，切断日军的后续增援。城内已成了瓮中之鳖的日军被中国军队消灭。五十九军已在潢川一带坚守了12个昼夜，完成了战区司令部下达的阻击日军至18日的任务。19日凌晨，张自忠下令所部趁夜色向潢川西南方突围。至天明，待日军再次向潢川城发起猛攻时，五十九军已撤退，日军占领了一座空城。潢川之役，五十九军孤军苦战12昼夜，歼灭日军3000人，自身伤亡4000余人，为友军的集结争取了宝贵的时间。

新河口日军攻占和县。〔大阪每日新闻社、东京日日新闻社编辑出版：《支那事变画报》第二十八辑，第16页〕

1 进攻和县的日军。〔大阪每日新闻社、东京日日新闻社编辑出版：《支那事变画报》第二十八辑，第17页〕

2 在和县大王桥的日军。〔大阪每日新闻社、东京日日新闻社编辑出版：《支那事变画报》第二十八辑，第17页〕

3 向巢县进攻的日军休息中。〔大阪每日新闻社、东京日日新闻社编辑出版：《支那事变画报》第二十八辑，第16页〕

1

2

3

1

2

3

1　在和县被俘的中国女兵成本华，时年25岁，她在日军面前表现出的从容与顽强，令日军称奇。拍下此照后，成本华被日军杀害。〔大阪每日新闻社、东京日日新闻社编辑出版：《支那事变画报》第二十八辑，第17页〕

2　日军攻占巢县城北门。〔大阪每日新闻社、东京日日新闻社编辑出版：《支那事变画报》第二十八辑，第18页〕

3　巢县东北汤山的日军部队。〔大阪每日新闻社、东京日日新闻社编辑出版：《支那事变画报》第二十八辑，第18页〕

■1■ 日军占领庐州东门。
〔大阪每日新闻社、东京日日
新闻社编辑出版:《支那事变
画报》第三十八辑，第12页〕

■2■ 日军占领庐州东门地
区。〔大阪每日新闻社、东
京日日新闻社编辑出版:《支
那事变画报》第三十八辑，
第12页〕

■3■ 占领庐州民居的日军。
〔大阪每日新闻社、东京日
日新闻社编辑出版:《支那
事变画报》第三十八辑，第
13页〕

1

2

3

1

2

3

1

2

1 进攻六安的日军敢死队。〔大阪每日新闻社、东京日日新闻社编辑出版:《支那事变画报》第四十辑，第17页〕

2 日军森川部队炮击六安城。〔大阪每日新闻社、东京日日新闻社编辑出版:《支那事变画报》第四十辑，第25页〕

3 日军梅田部队占领六安城南门。〔大阪每日新闻社、东京日日新闻社编辑出版:《支那事变画报》第四十辑，第24页〕

3

1

2

3

■1 日军太田部队进入六安城。〔大阪每日新闻社、东京日日新闻社编辑出版：《支那事变画报》第四十辑，第25页〕

■2 在搭儿寨山顶休息的日军若松部队。〔大阪每日新闻社、东京日日新闻社编辑出版：《支那事变画报》第四十辑，第26页〕

■3 日军原田部队在排子山麓向中国军队进行炮击。〔大阪每日新闻社、东京日日新闻社编辑出版：《支那事变画报》第四十辑，第26页〕

1 日军进入霍山城。〔大阪每日新闻社、东京日日新闻社编辑出版：《支那事变画报》第四十辑，第27页〕

2 日军添田部队由霍山城北门入城。〔大阪每日新闻社、东京日日新闻社编辑出版：《支那事变画报》第四十辑，第27页〕

3 日军在富金山城行军。〔大阪每日新闻社、东京日日新闻社编辑出版：《支那事变画报》第四十一辑，第6页〕

1

2

3

■1 日军指挥官在富金山指挥作战。〔大阪每日新闻社、东京日日新闻社编辑出版：《支那事变画报》第四十一辑，第6页〕

■2 富金山日军无线电通信班在工作。〔大阪每日新闻社、东京日日新闻社编辑出版：《支那事变画报》第四十一辑，第6页〕

■3 富金山战场的日军伤兵。〔大阪每日新闻社、东京日日新闻社编辑出版：《支那事变画报》第四十一辑，第7页〕

1 日军进攻富金山。〔大阪每日新闻社、东京日日新闻社编辑出版：《支那事变画报》第四十一辑，第7页〕

2 日军仓林部队中山队占领富金山顶。〔大阪每日新闻社、东京日日新闻社编辑出版：《支那事变画报》第四十一辑，第19页〕

3 占领富金山后的日军。〔大阪每日新闻社、东京日日新闻社编辑出版：《支那事变画报》第四十一辑，第18页〕

1

2

3

1

2

1 富金山日军野战邮局。
〔大阪每日新闻社、东京日
日新闻社编辑出版：《支那
事变画报》第四十一辑，第
19页〕

2 在富金山休息的日军若
松部队。〔大阪每日新闻社、
东京日日新闻社编辑出版：
《支那事变画报》第四十一辑，
第18页〕

1. 向固始进军的日军太田部队。〔大阪每日新闻社、东京日日新闻社编辑出版:《支那事变画报》第四十一辑,第9页〕

2. 日军部队在固始渡河。〔大阪每日新闻社、东京日日新闻社编辑出版:《支那事变画报》第四十三辑,第28页〕

3. 日军涉水渡史河。〔大阪每日新闻社、东京日日新闻社编辑出版:《支那事变画报》第四十一辑,第9页〕

1

2

3

1

2

3

■1 日军渡过史河。〔大阪每日新闻社、东京日日新闻社编辑出版：《支那事变画报》第四十一辑，第8页〕

■2 日军士兵与战地军犬。〔大阪每日新闻社、东京日日新闻社编辑出版：《支那事变画报》第四十一辑，第9页〕

■3 日军向固始城突击。〔大阪每日新闻社、东京日日新闻社编辑出版：《支那事变画报》第四十一辑，第11页〕

1 日军部队进入固始城。
〔大阪每日新闻社、东京日
日新闻社编辑出版：《支那
事变画报》第四十一辑，第
10 页〕

2 日军太田部队攻入固始
东门。〔大阪每日新闻社、
东京日日新闻社编辑出版：
《支那事变画报》第四十一
辑，第 10 页〕

3 被日军炸成废墟的固始
城。〔平塚柾绪编著：《日
中战争·日、米、中报道记
录》，第 96 页〕

1

2

3

1

2

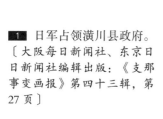

1 日军占领潢川县政府。
〔大阪每日新闻社、东京日
日新闻社编辑出版:《支那
事变画报》第四十三辑,第
27页〕

2 商城佛塔及抗日标语。
〔大阪每日新闻社、东京日
日新闻社编辑出版:《支那
事变画报》第四十四辑,第
1页〕

3

3 日军第三十九联队士兵
睡在稻草里。〔牧野喜久男
主编:《日中战争》第2辑,
第185页〕

1

2

3

 日军西大條部队渡曲河。〔大阪每日新闻社、东京日日新闻社编辑出版:《支那事变画报》第四十一辑,第21页〕

 日军骒马队渡曲河。〔大阪每日新闻社、东京日日新闻社编辑出版:《支那事变画报》第四十一辑,第6页〕

 渡浉河的日军。〔《决定版昭和史》,第173页〕

109

1 光州城航拍图。〔大阪每日新闻社、东京日日新闻社编辑出版：《支那事变画报》第四十一辑，第20页〕

2 进攻光州的日军太田部队。〔大阪每日新闻社、东京日日新闻社编辑出版：《支那事变画报》第四十一辑，第21页〕

1

2

■1 进攻光州的日军第十师团。〔牧野喜久男主编：《日中战争》第2辑，第185页〕

■2 日军扛木梯进攻光州城。〔牧野喜久男主编：《日中战争》第2辑，第186页〕

■3 攻入光州城垣的日军。〔牧野喜久男主编：《日中战争》第2辑，第187页〕

1 突破光州城的日军。
〔《决定版昭和史》，第
173 页〕

2 日军占领下的光州城。
〔大阪每日新闻社、东京日
日新闻社编辑出版：《支那
事变画报》第四十三辑，第
26 页〕

3 进攻罗山的日军。〔大
阪每日新闻社、东京日日新
闻社编辑出版：《支那事变
画报》第四十三辑，第 27 页〕

1

2

3

1

2

3

1 攻击信阳的日军在平汉线作战。〔大阪每日新闻社、东京日日新闻社编辑出版：《支那事变画报》第四十四辑，第14页〕

2 在平汉线信阳南柳林镇附近作战的日军。〔牧野喜久男主编：《日中战争》第2辑，第188页〕

3 日军原田部队轰炸信阳西之南阳城。〔西井一夫主编：《不许可写真》第2辑，第88页〕

1 进攻信阳的日军第三师
团。〔牧野喜久男主编：《日
中战争》第2辑，第188页〕

2 进攻信阳城北的日军冈
田支队。〔牧野喜久男主编：
《日中战争》第2辑，第189页〕

3 日军轰炸信阳火车站。
〔牧野喜久男主编：《日中
战争》第2辑，第189页〕

1

2

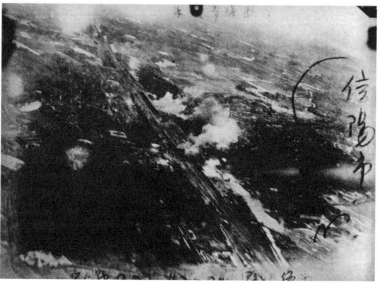

3

1 日军九四式轻装甲车攻入信阳城。〔牧野喜久男主编:《日中战争》第2辑,第190页〕

2 占领信阳城垣的日军。〔大阪每日新闻社、东京日日新闻社编辑出版:《支那事变画报》第四十四辑,第14页〕

3 在信阳城中作战的日军。〔大阪每日新闻社、东京日日新闻社编辑出版:《支那事变画报》第四十四辑,第15页〕

1 日军进入一片废墟的信阳城。〔牧野喜久男主编:《日中战争》第2辑,第190页〕

2 日军吉田部队在周家集附近作战。〔大阪每日新闻社、东京日日新闻社编辑出版:《支那事变画报》第五十九辑,第6页〕

3 日军进军黄家集。〔大阪每日新闻社、东京日日新闻社编辑出版:《支那事变画报》第五十九辑,第6页〕

1

2

3

■1 向黄家集前进的日军。
〔大阪每日新闻社、东京日日
新闻社编辑出版:《支那事变
画报》第五十九辑,第7页〕

■2 日军赤间部队在黄家集
附近取水饮马。〔大阪每日
新闻社、东京日日新闻社编
辑出版:《支那事变画报》
第五十九辑,第7页〕

■3 进攻黄家集的日军。
〔大阪每日新闻社、东京日日
新闻社编辑出版:《支那事变
画报》第五十九辑,第7页〕

■4 日军吉田部队在湖北周
家集附近作战。〔大阪每日
新闻社、东京日日新闻社编
辑出版:《支那事变画报》
第五十九辑,第18页〕

六、进攻武汉

1938 年 10 月，各路日军突破了武汉周围中方军队的防线，逼近武汉三镇。

长江南岸的中方军队，虽然在阳新地区进行了顽强的抵抗，但战至 10 月 22 日，阳新、大冶、鄂城相继沦陷。24 日，日军第十一军的波田支队已推进到距武昌仅 30 公里的葛店附近。在波田支队南侧的日军第九师团则先后突破了第五十三军和第三十二军团的防线，于 10 月 24 日推进至武昌以南的贺胜桥一带，日军第二十七师团也于 24 日进至咸宁东北地区。

在长江北岸地区，田家镇要塞陷落后，日军第十一军的第六师团继续进攻，10 月 21 日陷浠水，24 日晚占黄陂。日军第一一六师团的第一一九旅团亦于 10 月 21 日攻占了长江北岸的兰溪，至 24 日，日军已推进至距武汉仅 35 公里之遥的阳逻附近。

在大别山北麓地区，日军第二军占领固始、潢川后，10 月 12 日攻陷信阳，后日军第十师团以一部沿平汉铁路南下，主力则在平汉路以西经应山、安陆、云梦、应城向汉阳、汉口迂回，协同冈村宁次的第十一军进攻武汉。至 10 月 24 日，日军已对武汉形成了东、北、南三面包围之势。

日本为了策应武汉会战，并切断中国同国际的联系，抽调第五、第十八、第一○四师团以及第四飞行团组成第二十一军，与海军第五舰队协同，以主力 4 万余人，于 10 月 12 日在广东大亚湾登陆，10 月 24 日占领了广州，切断了粤汉铁路。

在这种情况下，武汉已经很难坚守，蒋介石在日记中这样写道："此时武汉地位已失重要性，如勉强保持，则最后必失，不如决心自动放弃，保全若干力量，以为持久抗战与最后胜利之根基。"

田家镇要塞的失守，使武汉已无险可守。蒋介石及其军事幕僚们为了保留继续抗战的实力，已拟有放弃死守武汉的计划，并有步骤地分批撤离驻武汉的党政机关，疏散城内百姓。10 月 16 日，军事委员会根据武汉外围的战况及日军在广东大亚湾登陆的情况，决定弃守武汉，整个武汉城区只留卫戍部队一个旅的正规军准备作象征性的抵抗。

10 月 24 日，蒋介石正式下达放弃武汉的命令。军事委员会亦在武汉举行中外记者招待会，郑重宣布"我军自动退出武汉"。汉口市长吴国桢宣称："保卫大武汉之战，我们是尽了消耗战与持久战之能事，我们的最高战略是以空间换取时间。……我们于人口的疏散，产业的转移，已经走得相当彻底，而且我们还掩护了后方建设。"同日，中国共产党的中央机关报《新华日报》和国民政府军事委员会机关报《扫荡报》分别发表了告别武汉的社论。24 日晚，作为战时最高统帅的蒋介石和航空委员会秘书长的宋美龄乘飞机离开武昌飞往湖南衡阳。临行前，他下令："将凡有可能被敌军利用之虞的设施均予以破坏！"这道"焦土抗战"的命令，使武汉整整燃烧了两天。

　　25 日，波田支队向葛店发起猛攻，随之突破守军第五十五师的阵地，占领了葛店。当日凌晨，日军第六师团先头部队推进到了汉口近郊，与中国军队留守的第五四五旅在戴家山附近发生了激烈交战。10 月 25 日晚，守军边打边退，趁夜色撤出了战场。当晚日军先头部队第十一军第六师第二十三联队率先进入汉口城区。26 日凌晨，波田支队从宾阳门突入武昌。27 日午后，配属于波田支队的第六十联队占领汉阳。至此，武汉失陷。

　　历时 4 个半月的武汉会战，以中国军队主动撤出武汉而宣告结束。虽然就战役结果而言，日军占领了武汉三镇，但从战略意义上来讲，日本并未能取得预期的目的。日本大本营原以为迅速攻占武汉，就能迫使中国政府投降，结束对中国的战争。但是，中国政府并未因武汉、广州的沦陷而投降。日军在这次战争中伤亡近 10 万人，更重要的是使其全面进攻的锐气大大受挫，经此一战，实际已经使日军速战速决、迅速解决"中国事变"的战略企图宣告破产，迫使其不得不重新调整对华战略。在这场大血战中，中国军民以伤亡 40 万人的巨大代价换来了战略相持阶段的到来。

日军在平汉线武汉附近铁路实行爆炸。〔平塚柾绪编著：《大东亚战争写真史（5）·大陆战尘篇》，第 94-95 页〕

1

2

3

■1 汉口作战中的日军运输
部队。〔平塚柾绪编著:《大
东亚战争写真史（5）·大陆
战尘篇》，第99页〕

■2 等待向汉口进发的日
军。〔村濑守保:《我的从
军中国战线·村濑守保写真
集》，日本的机关报纸出版
中心 2005 年 3 月 10 日版，
第 91 页〕

■3 进攻汉口的日军在长江
边集结。〔村濑守保:《我
的从军中国战线·村濑守保
写真集》，第 80 页〕

大別山脈を漢口に向かって進撃する砲兵部隊

■1 日军炮兵向汉口进发。〔村濑守保：《我的从军中国战线·村濑守保写真集》，第 87 页〕

■2 1938 年 8 月 29 日，进攻汉口作战之日舰。〔《不许可写真史》，第 142 页〕

■3 日海军进攻武汉。〔平塚柾绪编著：《大东亚战争写真史（5）·大陆战尘篇》，第 90 页〕

■4 日陆海军协同进攻武汉。〔平塚柾绪编著：《大东亚战争写真史（5）·大陆战尘篇》，第 90 页〕

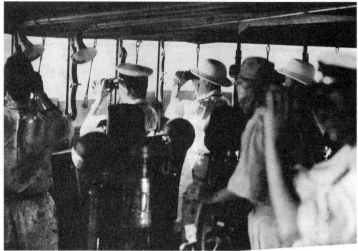

1 停泊在长江中的日军舰队。〔大阪每日新闻社、东京日日新闻社编辑出版：《支那事变画报》第三十九辑，第8页〕

2 进攻武汉的日本海军指挥官观察敌情。〔大阪每日新闻社、东京日日新闻社编辑出版：《支那事变画报》第三十九辑，第8页〕

3 进攻武汉的日本海军军官商讨作战方案。〔大阪每日新闻社、东京日日新闻社编辑出版：《支那事变画报》第三十九辑，第9页〕

1

2

3

1 进攻武汉的日军舰只。〔大阪每日新闻社、东京日日新闻社编辑出版:《支那事变画报》第三十九辑,第9页〕

2 进攻武汉日本军舰上的摄影记者。〔大阪每日新闻社、东京日日新闻社编辑出版:《支那事变画报》第三十九辑,第9页〕

3 日空军飞机轰炸汉口市区。〔大阪每日新闻社、东京日日新闻社编辑出版:《支那事变画报》第三十九辑,第24页〕

1

2

3

4

■1■　日军向汉口进犯途中搭
桥。〔村濑守保：《我的从
军中国战线·村濑守保写真
集》，第85页〕

■2■　设法渡河向汉口进犯的
日军。〔村濑守保：《我的
从军中国战线·村濑守保写
真集》，第84页〕

■3■　日军汽车涉水向汉口进
发。〔村濑守保：《我的从
军中国战线·村濑守保写真
集》，第84页〕

■4■　进攻武汉的日军运输部
队。〔村濑守保：《我的从
军中国战线·村濑守保写真
集》，第87页〕

■1 向武汉进发的日军。
〔村瀬守保：《我的从军中国战线·村瀬守保写真集》，第90页〕

■2 向武汉行军中的日军。
〔村瀬守保：《我的从军中国战线·村瀬守保写真集》，第90页〕

■3 进攻武汉的日军运输部队。〔牧野喜久男主编：《日中战争》第2辑，第208页〕

1 向武昌进攻的波田支队遇雨后休息。〔牧野喜久男主编：《日中战争》第2辑，第208页〕

2 日军飞机奔袭武汉。〔大阪每日新闻社、东京日日新闻社编辑出版：《支那事变画报》第三十七辑，第17页〕

3 日军飞机奔袭武汉。〔大阪每日新闻社、东京日日新闻社编辑出版：《支那事变画报》第三十七辑，第18页〕

1

2

3

1

2

3

■1 日军轰炸后汉口中方军需工厂。〔大阪每日新闻社、东京日日新闻社编辑出版：《支那事变画报》第三十七辑，第19页〕

■2 日军轰炸汉阳码头。〔大阪每日新闻社、东京日日新闻社编辑出版：《支那事变画报》第三十七辑，第19页〕

■3 日军占领武昌著名建筑奥略楼。〔编集人椎野八束：《未公开写真·日中战争》，1989特别增刊，第183页〕

127

1 1939年10月26日，日军第十师团汉口街道突破中方最后防线。〔《决定版昭和史》，第180页〕

2 进入汉口的日海军陆战队。〔编集人椎野八束：《未公开写真·日中战争》，1989特别增刊，第187页〕

3 日军陆海军协同作战占领汉口。〔编集人椎野八束：《未公开写真·日中战争》，1989特别增刊，第189页〕

1

2

3

1

2

3

■1 1938年10月26日，日
军攻入汉口时的航拍照片。
〔牧野喜久男主编：《日中
战争》第2辑，第232页〕

■2 突入武昌东门宾阳门的
日军九四式轻装甲车。〔牧
野喜久男主编：《日中战争》
第2辑，第235页〕

■3 占领汉阳工厂的日军。
〔今井清一：《图说昭和的
历史》，第91页〕

■1■　日本军车驶过武昌蛇山黄鹤楼前。〔牧野喜久男主编：《日中战争》第2辑，第236页〕

■2■　1938年10月26日，日军平田部队占领国民政府武汉行营。〔平塚柾绪编著：《日中战争·日、米、中报道记录》，第107页〕

■3■　日军攻入汉口市区。〔牧野喜久男主编：《日中战争》第2辑，第237页〕

■4■　日军列队进入汉口市区。〔平塚柾绪编著：《日中战争·日、米、中报道记录》，第106页〕

1

2

3

■1 遭日军轰炸的汉口市政府大楼。〔牧野喜久男主编：《日中战争》第2辑，第239页〕

■2 一片废墟的汉阳。〔牧野喜久男主编：《日中战争》第2辑，第238页〕

■3 日军占领汉口后之江汉关附近。〔牧野喜久男主编：《日中战争》第2辑，第240页〕

1

2

1 日军汉口入城部队警备司令部。〔村濑守保：《我的从军中国战线·村濑守保写真集》，第96页〕

2 日军汉口井上部队宿舍。〔村濑守保：《我的从军中国战线·村濑守保写真集》，第95页〕

3 遭日军轰炸后的汉口中央银行。〔牧野喜久男主编：《日中战争》第2辑，第237页〕

3

1

2

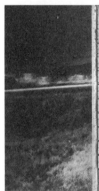

3

4

1 汉口日军报知新闻社。
〔村濑守保:《我的从军中
国战线·村濑守保写真集》,
第99页〕

2 汉口日军卫生部队。
〔牧野喜久郎主编:《一亿
人的昭和史》,第17页〕

3 被日军炸断的汉口北方
铁桥。〔牧野喜久男主编:
《日中战争》第2辑,第
234页〕

4 占领汉口的日军举行阅
兵式,迎接11月3日"明治
节"。〔平塚柾绪编著:《日
中战争·日、米、中报道记
录》,第107页〕

1 1938 年 11 月 3 日，日本中国方面舰队司令官及川古志郎在汉口入城式上检阅海军陆战队。〔编集人椎野八束:《未公开写真·日中战争》，1989 特别增刊，第 23 页〕

2 1938 年 10 月 27 日，日军将领占领武汉并举行庆祝会。〔《报道写真昭和的四十年》，1965 年 10 月版，第 80 页〕

3 汉口江汉关前，汉口入城式上的日军在军乐队的演奏中呼喊口号。〔牧野喜久男主编:《日中战争》第 2 辑，第 240 页〕

1

2

3

1

2

3

■1 日军携阵亡日军骨灰进入汉口。〔《报道写真昭和的四十年》，第79页〕

■2 汉口日军第六师团、第十师团用担架运送伤兵。〔《决定版昭和史》，第178页〕

■3 日本军官在汉口大桥留影。〔大阪每日新闻社、东京日日新闻社编辑出版:《支那事变画报》第五十三辑，第21页〕

1 日军占领汉口大桥。
〔大阪每日新闻社、东京日日
新闻社编辑出版：《支那事变
画报》第五十三辑，第21页〕

2 汉口的日军山田部队。
〔大阪每日新闻社、东京日日
新闻社编辑出版：《支那事变
画报》第五十三辑，第23页〕

3 汉口的中国难民。〔村
濑守保：《我的从军中国战
线·村濑守保写真集》，第
95页〕

1

2

3

1

2

3

1

2

3

4

■1　日军在汉口要道盘查行人行李。〔村濑守保：《我的从军中国战线·村濑守保写真集》，第98页〕

■2　汉口的中国难民。〔村濑守保：《我的从军中国战线·村濑守保写真集》，第94页〕

■3　日军在汉口。〔村濑守保：《我的从军中国战线·村濑守保写真集》，第97页〕

■4　日军在汉口市内交通要道盘查中国人。〔村濑守保：《我的从军中国战线·村濑守保写真集》，第97页〕

七、攻占岳阳

　　岳阳是湘北重镇，自古为兵家必争之地，战略地位十分重要。1938年8月，中国海军司令部迁至岳阳，指挥停泊在洞庭湖中的十多艘海军舰艇对日作战。后因形势紧张，海军司令部又迁湘阴、常德再转重庆。11月12日，日军占领岳阳。11月25日，国民政府军事委员会在南岳衡山召开军事会议，在总结前段抗战情况时，蒋介石指出："武汉失守标志着抗日战争进入了第二个阶段，即战略相持阶段，而这个阶段的开始，应以岳州沦陷之日算起。"

进攻岳阳的日军。〔大阪每日新闻社、东京日日新闻社编辑出版：《支那事变画报》第五十三辑，第22页〕

1 进攻岳阳的日军。〔大阪每日新闻社、东京日日新闻社编辑出版：《支那事变画报》第五十三辑，第22页〕

2 进攻岳阳的日军机枪阵地。〔大阪每日新闻社、东京日日新闻社编辑出版：《支那事变画报》第五十三辑，第22页〕

3 进攻岳阳外围阵地的日军。〔大阪每日新闻社、东京日日新闻社编辑出版：《支那事变画报》第五十三辑，第22页〕

1

2

3

1

2

3

1 进攻岳阳的日军。〔大阪每日新闻社、东京日日新闻社编辑出版：《支那事变画报》第五十三辑，第22页〕

2 1938年9月13日，进行岳州扫荡战的日军陆战队大桥部队。〔西井一夫主编：《不许可写真》第2辑，第94页〕

3 进攻岳阳的日军在战地休息。〔西井一夫主编：《不许可写真》第2辑，第94页〕

1 1938 年 11 月 10 日，日
第十一军左翼部队押解中方
俘虏运输装备。〔平塚柾绪
编著：《日中战争·日、米、
中报道记录》，第 104 页〕

2 行进在洞庭湖畔的日
军。〔牧野喜久男主编：《日
中战争》第 2 辑，第 244 页〕

3 在洞庭湖洗澡的日军。
〔西井一夫主编：《不许可
写真》第 2 辑，第 94 页〕

1

2

3

■1 进攻洞庭湖的日军。
〔西井一夫主编：《不许可
写真》第2辑，第95页〕

■2 日军在洞庭湖泗水进
攻。〔西井一夫主编：《不
许可写真》第2辑，第95页〕

■3 日军机轰炸洞庭湖内中
方舰队。〔平塚柾绪编著：
《日中战争·日、米、中报
道记录》，第104页〕

1 日军在洞庭湖泗水登陆。〔西井一夫主编：《不许可写真》第2辑，第95页〕

2 进攻洞庭湖的日军舰船。〔西井一夫主编：《不许可写真》第2辑，第95页〕

3 日军丸山政雄少将率第九师团先遣队向岳州进犯。〔牧野喜久男主编：《日中战争》第2辑，第242页〕

1 日军在洞庭湖上作战。〔西井一夫主编：《不许可写真》第2辑，第95页〕

2 进攻洞庭湖的日军。〔西井一夫主编：《不许可写真》第2辑，第95页〕

3 1939年11月11日，日军海军陆战队在洞庭湖岸九马嘴登陆。〔每日新闻社编：《日本的战历》，第16页〕

1 石井战车队八九式中型战车在贺胜桥附近行进。〔牧野喜久男主编:《日中战争》第2辑,第243页〕

2 日军爆破贺胜桥。〔牧野喜久男主编:《日中战争》第2辑,第242页〕

3 日第二十七师团骑兵连出发攻咸宁。10月29日。〔牧野喜久男主编:《日中战争》第2辑,第243页〕

1

2

3

1

2

3

■1 咸宁汀泗桥附近的日军长尾部队。〔牧野喜久男主编:《日中战争》第2辑, 第244页〕

■2 占领岳阳车站的日军。〔牧野喜久男主编:《日中战争》第2辑, 第244页〕

■3 日军占领岳阳楼。〔平塚柾绪编著:《日中战争·日、米、中报道记录》, 第186页〕

147

第二章

随枣、枣宜战役

日军占领武汉后，抗日战争进入战略相持阶段，日军已经无力发动大规模进攻作战，中国军队充分利用大别山一带复杂山地形势作顽强抵抗，使日军无法达到进攻目的，中日双方继续维持原战线态势，这是抗日战争进入相持阶段后的一个重要特征。

国民政府军事委员会在武汉会战后重新调整战区布置，调整后的第五战区包括皖西、豫南与鄂北，东与第三战区相邻，北与第一战区交接，南为第九战区防区，西为川陕。由于第五战区各部队在前期战斗中伤亡损失极大，大约有半数以上的部队严重缺员，战斗力不足，因此，1939年4月，军委会将汤恩伯第三十一集团军从鄂南调入第五战区，负责随（县）枣（阳）地区的防务。并将孙连仲第二集团军调入桐柏山区，加强第五战区之战斗力。

日军第十一军自占领武汉后，其四周遭到中国军队的包围。特别是中国军队加强了武汉北部第五战区的兵力布置，其南部的中国第九战区的实力也不可小视。日军因此调整其兵力部署，1939年3月，日军新编第三十三、三十四师团调入第十一军，替换第九、第十六师团回国。这样，日军第十一军下辖9个师团、1个混成旅，增加了机动兵力的日军决定向第五战区发起进攻。

日军第十一军在攻占南昌、武宁之后，中方第九战区对日军的威胁基本消除，遂决定赶在中方动手之前向中方第五战区的随枣地区发起进攻，日军决定"利用新兵团到来之机和敌军正在准备进攻的间隙，大致在5月初以前，秘密将江北各兵团及军直属部队的主力集结在应山、安陆附近，作好会战准备"[1]。"以强有力的一部在主力发动攻势之前从大别山南麓地区突破敌军左翼，把敌人的主力牵制在这深长的东南面，主力概由安陆及其以东地区前进，向枣阳南侧地区及该地西北地区一线迂回突进。同时，以机动兵团向纵深的纰源以南地区迂回，切断向南阳方向的退路，在枣阳附近捕捉敌军的重点兵团，予以歼灭"[2]。日军大本营在1939年4月18日发出"大陆命"第289号，批准华中派遣军"可在4至5月间于汉口西北正面，暂时越过现作战区域作战"[3]。4月20日，华中派遣军令第十一军"可伺机在大概唐河以南地区将汉口西北正面之敌击败，粉碎其抗战企图，将敌消灭后应尽快返回大概连接信阳、随县、安陆一线以南地区"[4]。日军第十一军在4月20日下达作

---

〔1〕日本防卫厅防卫研究所战史室：《中国事变陆军作战史》（日本朝云新闻社1983年版），《向武汉西北枣阳地区大扫荡》部分。

〔2〕日本防卫厅防卫研究所战史室：《中国事变陆军作战史》（日本朝云新闻社1983年版），《向武汉西北枣阳地区大扫荡》部分。

〔3〕日本防卫厅防卫研究所战史室：《中国事变陆军作战史》（日本朝云新闻社1983年版），《向武汉西北枣阳地区大扫荡》部分。

〔4〕日本防卫厅防卫研究所战史室：《中国事变陆军作战史》（日本朝云新闻社1983年版），《向武汉西北枣阳地区大扫荡》部分。

战预先号令，4月26日，冈村宁次下令第三师团于5月1日开始进攻，其余师团作好攻击准备。

中方第五战区在4月间正向随县以南安陆、应城、天门、信阳、广水、花园一带发动攻势，经侦察发现日军在应山、安陆附近调动频频，有向战区发动攻击的苗头，于是，第五战区于4月25日下令停止"四月攻势"，重新调整部队，"战区决以长久保持桐柏、大洪两山地带，以攻为守，予敌以打击"。以一部兵力防守襄河，以主力配置于襄花公路两侧，另以一部兵力配合游击部队攻袭平汉路。第五战区并向军委会提出要求，希望第二集团军能南移桐柏、唐河，加强两战区结合部之实力，保护第五战区侧翼之安全。军委会批准第五战区之作战计划，并同意第二集团军南移，4月30日，第五战区司令长官李宗仁发出作战令，以左、右集团军布置于大洪山、桐柏山之间的襄河以东一带，以守势拒敌，待机反攻，以确保襄河东岸地区，两翼部队则向日军侧背攻击，策应守军主力。

会战开始后，中方发现日军企图包围第五战区主力于随枣地区，及时将主力北移，以一部兵力在大洪山、桐柏山进行游击战，右翼集团军则在襄河以东，对企图北进的日军形成侧击。第一战区与第五战区协同作战，不仅巩固了两战区结合部，掩护第五战区主力部队转移，且协力反击日军进攻，使日军无法消灭中国军队之主力，同时，中国军队还在日军后撤时，施以有效打击。最后，日军虽占领了随县县城，但余部均退回原防区，双方恢复会战前态势。

1939年底至1940年初，中国军队发动了冬季攻势，并在南宁昆仑关大败日军。日军为挽回局势，打击中国军队的有生力量，并配合政治攻势，彻底解决中国问题，日军第十一军在中国派遣军总司令的支持下准备进行一次大规模的反击作战，此计划得到了日军大本营的同意。其后，1940年2月25日，日军第十一军制定了作战方案，"拟在雨季到来之前，在汉水两岸地区将敌第五战区和主力击败，通过作战的胜利，进一步削弱，并为推动对华政治谋略的进展作出贡献"。其会战指导方针为："在最短时间内作好准备，大概在5月上旬开始攻势。首先在白河以南捕捉汉水左岸之敌，接着在宜昌附近彻底消灭该河右岸之敌核心部队。"此时，日军第十一军新任司令官园部和一郎已到任。日军第十一军在4月7日制定具体作战计划，4月10日，日军大本营发出大陆命第426号，批准"中国派遣军总司令官为完成目前任务，可在五六月间在华中、华南方面实施一次超越既定作战地区的作战"[1]。日军判断中国军队第五战区约有50个师包围在武汉外围，主力应在鄂西北的汉水两岸，日军如

〔1〕日本防卫厅防卫研究所战史室：《中国事变陆军作战史》（日本朝云新闻社，1983年版），《向武汉西北枣阳地区大扫荡》部分。

果能攻下宜昌，将会给中国第五战区造成沉重打击，并给邻近宜昌的战时中国陪都重庆造成威胁。因此，日军第十一军决定将所属 7 个师团、4 个旅团以小部兵力留守，其余主力部队均投入作战，中国派遣军也从第十三军所属的第十五、第二十二师团各抽出 1 个支队增援第十一军。与此同时，日军第三飞行团、海军中国方面舰队第一遣华舰队、第二联合航空队也参加作战。

枣宜会战是武汉会战以来日军发动的规模最大的一次战斗，日军投入兵力近 20 万人。日军第十一军将进攻宜昌分两个阶段进行，首先打击枣阳地区中方第五战区的主力部队，歼灭中国军队于随县、襄阳以北，再将汉水以西之中国军队向宜昌挤压并歼灭，第十一军令第三师团由信阳经明港至唐河，进攻新野南白河地区与樊城一线，与第十三师团会合，截断中方第五战区部队北退之路，第十三师团沿大洪山以西汉水东岸北上，包围樊城一线之中方第五战区主力部队，第三十九师团在随县正面展开进攻，由中路进逼枣阳，其主要进攻目标为中方第十一集团军。日军第二阶段的目标是由第三师团从襄阳、宜城间的汉水渡河，由当阳方向切断中国军队之退路，第三十九师团于宜城附近渡河并攻入荆门，第十三师团则由沙洋镇附近渡河，由十里铺附近至河溶并攻占宜昌。

中国方面获悉日军进攻鄂西北之企图后，蒋介石于 1940 年 4 月 10 日电令李宗仁："对敌进犯沙、宜，应迅即预行部署，准备先发制敌。……第五战区应乘敌进犯沙、宜企图渐趋明显以前，行先发制敌攻击。以汤恩伯、王缵绪两部主力，分由大洪山两侧地区向京（山）钟（祥）、汉（阳）宜（城）路之敌攻击，并由襄（阳）花（园）路、豫南及鄂东方面施行助攻，策应作战，打破敌西犯企图。其攻击开始时机，由战区密切注视敌情，适机断然实施，但须于四月中旬末完成攻击诸准备。"[1]军委会进一步判断日军西进的企图并不仅仅在于占领宜昌或襄、樊，而是要在枣阳一带歼灭中方第五战区之主力部队，然后回撤。基于这一判断，蒋介石再次电令第五战区，不要消极等待，而应主动出击，打破日军西进的企图，以主力布置于襄河以东至大洪山一带，相机歼灭日军之主力。中方第五战区根据军委会的指示，计划以一部进攻日军后方，主力于后方待机进攻，在枣阳以东或荆（门）、当（阳）以南与日军决战。但此计划未能实现。在会战第一阶段，中方第五战区之主力及时转移到日军侧翼，日军企图在襄东平原包围中国军队的计划落空，中国军队在日军返转之时，抓住战机，对日军形成反包围，日军第三师团在遭到中国军队重创之后，在飞机、战车掩护下突围而去。第三十三集团军由于兵力不足，在日军

---

〔1〕中国第二历史档案馆编：《抗日战争正面战场》，江苏古籍出版社 1987 年 8 月版，第 931 页。

第十三、第三十九师团的攻击下，损失惨重，总司令张自忠亲赴前线指挥作战，并在最后关头率部上阵杀敌，不幸牺牲。他是中国军队牺牲在抗日战场上的最高将领。其壮烈殉国，受到国共两党高度评价，国民政府为他举行了隆重的葬礼。

在第二阶段的会战中，中方则完全处于被动状态，由于对敌情预估出错，认为日军不会向宜昌进攻，因此将主力部队布置在河东，宜昌未布置兵力守备。经第一阶段作战后，中方未能及时发现日军增兵，因此，当日军经整补后再次反攻之际，中方完全无法组织起有效的防御，导致宜昌陷落。

一、随枣会战

1939 年 4 月，中方第五战区各部队尚在调整部署之中，第二集团军亦在南下途中，日军已于 5 月 1 日向中方发起了进攻。

日军第三师团从应山附近出发，攻下中方第八十四军第一七三、一七四师徐家河以东阵地，并于当天攻下郝家店。中方第十三军第八十九、第一一〇师占领高镇附近，与第八十四军协同对日军作战。双方激战多日，日军于 6 日在优势火炮与战车支持下占领塔儿湾、高城一带。其后，日军第第十三师团、第十六师团及骑兵第四旅团向中方第五战区左翼集团军发起猛攻。中方第五战区江防军及右翼集团军的一部分曾向钟祥以南旧口等地日军进攻，破坏汉宜公路和京钟公路，但因兵力不足，未能达到预期作战目标。5 月 5 日，日军第十三、第十六师团、骑兵第四旅团从京山、钟祥、黄家集一带出发，向大洪山西南至襄河以东的中方第五十九军第一八〇师、第三十八师、第七十七军的三十七师发起进攻，攻占了长寿店一带阵地，中方军队抵抗后逐次向北转移，而襄河西岸的中方军队则渡河侧击日军。日军在强大炮火支持下于 5 月 8 日占领枣阳，中方第五战区左、右两翼被割裂，右翼军之第一二二师、第一八〇师撤向樊城以北，第三十七师、三十八师、一三二师沿襄河左岸重布新阵，以确保襄阳之安全。

日军已攻破中方第五战区之防御，且对中方左翼军构成包围之势，5 月 7 日，日军第十一军令其第三师团在占领高城、唐县之后继续向枣阳追击，驻扎信阳的第三师团铃木支队则占领桐柏一线，阻击中方军队，第十三师团占领滚河一带后，向枣阳东北插入，第十六师团向双沟方向进击，以一部掩护第十一军之左侧，协助骑兵过河，第四骑兵旅团则向新野以北进攻。日军第十一军的作战目的在于彻底摧毁中方第五战区左翼军特别是第三十一集团军。

中方军队发现日军之企图后，即令中方左翼部队避开敌锋，以桐柏山为天然屏障，牢牢占领侧翼阵地，同时，中方第三十九军、第十三军在大洪山与桐柏山区进行游击战，干扰日军进攻。中方右翼军则在襄河以东攻击日军。

5 月 9 日，日军骑兵第四旅团在张家集附近渡过滚河，第二天又渡过白河，并攻占了新野。日军第十三师团的一部由枣阳向东北进攻，5 月 9 日占领了湖阳镇。日军第三师团的铃木支队则由信阳西攻，在 5 月 10 日占领了桐柏。日军一路进攻虽遭到中方反击，但明显未与中方主力遭遇，因此日军决定继续寻找中方主力，令第三师团由唐县向吴山、三合店追击，第十三师团由枣阳向双河进攻，第十六师团沿唐河东岸向东北进攻，三路日军准备逐步缩小包围圈，一举消灭中方第五战区之左翼部队。

中方第五战区左翼主力之第八十四军、第十三军早于 5 月 10 北移，到达方城、泌阳一线，处于日军包围圈之外，第三十九军等其他部队则在大洪山内坚持游击战。日军发现中方主力已安全撤退，遂继续向西北追击，5月12日，日军占领唐河、南阳，但在中方第一二一师和第二集团军的反击下，日军退出南阳，向后收缩。

中方第二集团军5个师此时已全部到达南阳、唐河、桐柏一线，中方遂及时开始反攻。5月13日，中方第二、第三十一集团军向南阳、唐河一线日军发起攻击，第三十三集团军向枣阳一线日军进攻，第三十三集团军与第二、第三十一集团军对唐河以南之日军形成包围之势。日军经20余日连续作战，伤亡较大，在中方攻击之下，于5月13日起开始后撤。中方第五战区部队则乘胜追击，予日军重创。在大洪山中开展游击战的中方第三十九军，于5月16日至19日间，在长岗店一带歼灭日军第三师团、第十三师团各一部。截至5月22日，中方第五战区部队先后收复唐河、枣阳、桐柏，日军仅占领随县县城，余部均退回原驻防地区。双方恢复战前态势。

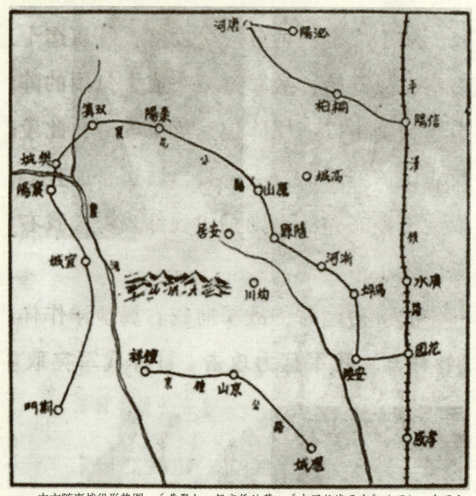

中方随枣战役形势图。〔曹聚仁、舒宗侨编著：《中国抗战画史》（下），中国文史出版社，第415页〕

1

2

3

1 "鬼子进村"——日军同野部队进入应山村庄。〔南京民间抗战博物馆馆藏日方报刊战地照片〕

2 中方守军第二十二集团军总司令孙震与蒋介石合影。〔曹聚仁、舒宗侨编著：《中国抗战画史》（下），第417页〕

3 日军吉田部队在周家集附近进攻。〔大阪每日新闻社、东京日日新闻社编辑出版：《支那事变画报》第五十九辑，第7页〕

1 随县日军庆祝鲤鱼节。〔南京民间抗战博物馆馆藏日方报刊战地照片〕

2 湖北枣阳的日军。〔南京民间抗战博物馆馆藏日方报刊战地照片〕

3 日军加藤部队占领随县。〔南京民间抗战博物馆馆藏日方报刊战地照片〕

■1 日军欢呼占领随县。
〔南京民间抗战博物馆馆藏
日方报刊战地照片〕

■2 日军在湖北大洪山行军。
〔南京民间抗战博物馆馆藏
日方报刊战地照片〕

■3 日军糟谷部队进入随县
东门。〔南京民间抗战博物
馆馆藏日方报刊战地照片〕

■4 日军骑兵饮马休息。
〔南京民间抗战博物馆馆藏
日方报刊战地照片〕

1

2

3

4

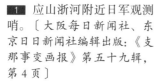

1 应山浙河附近日军观测哨。〔大阪每日新闻社、东京日日新闻社编辑出版:《支那事变画报》第五十九辑,第4页〕

2 日军堀江部队高射炮部队在湖北前线作战。〔大阪每日新闻社、东京日日新闻社编辑出版:《支那事变画报》第五十九辑,第5页〕

3 在应山湖畔沙地作战的日军。〔大阪每日新闻社、东京日日新闻社编辑出版:《支那事变画报》第五十九辑,第5页〕

4 在湖北山地行进的日军吉田部队。〔大阪每日新闻社、东京日日新闻社编辑出版:《支那事变画报》第五十九辑,第6页〕

1

2

3

1 在湖北战场作战的日军山田部队观察哨。〔大阪每日新闻社、东京日日新闻社编辑出版:《支那事变画报》第五十九辑,第18页〕

2 在鄂北作战的日军坦克。〔中国第二历史档案馆编:《中华民国历史图影档案》,团结出版社,第715页〕

3 日军在随枣战役中伤亡惨重。〔中国第二历史档案馆编:《中华民国历史图影档案》,第715页〕

1 襄东作战中被日军俘虏
的中国军医蒋廻仙等女兵。
〔《日本的战史》，第 185 页〕

2 中国守军老河口司令长
官部遭日军轰炸。〔曹聚仁、
舒宗侨编著：《中国抗战画
史》（下），第 493 页〕

3 襄樊遭日军轰炸后燃起
大火。〔曹聚仁、舒宗侨编
著：《中国抗战画史》（下），
第 493 页〕

1 随枣前线中国军队之机枪阵地。〔曹聚仁、舒宗侨编著：《中国抗战画史》（下），第485页〕

2 增援随枣前线的中国军队。〔曹聚仁、舒宗侨编著：《中国抗战画史》（下），第490页〕

3 中方第一七三师苦战随枣并正面掩护左右军撤退，孤军奋战，牺牲重大，图为第一七三师师长钟毅在前线指挥所。〔曹聚仁、舒宗侨编著：《中国抗战画史》（下），第491页〕

二、枣宜会战

1940 年 4 月下旬，日军对中方第九战区发动佯攻，以掩盖其进攻第五战区之目的。日军待其主力部队集结完成，即按照计划开始进攻，拟将中方第五战区之主力歼灭在唐河、白河以东至枣阳一带。5 月初，日军第三师团、第四〇师团石本支队从信阳出发，沿桐柏山北麓西进，第十三师团从钟祥沿汉水东岸北攻枣阳。第三十九师团、第六师团池田支队从随县西进，正面攻击中方第五战区防线。不久，日军迅速攻破中方第五战区第一阵线，并快速向前推进。5 月 7 日，日军第三师团占领唐河，第十三师团攻至王集，第三十九师团攻占阳店，已对枣阳形成合围。中方军队主力在日军包围圈尚未合拢时撤退。中方第八十四军第一七三师在枣阳附近因掩护主力撤退，部队伤亡较大，师长钟毅牺牲。5 月 8 日，日军占领枣阳。5 月 10 日，日军第三师团集结于樊城东北地区，第十三、第三十九师团从枣阳撤退，拟往宜城。中方第三十一集团军抓住战机，从南阳南下进攻，将第三师团包围在樊城附近，中方第三十一集团军将日军第三师团分割包围攻击，日军伤亡惨重。5 月 15 日，日军第三师团在第十一军战车团支援下突出中方包围，16 日撤退回枣阳。中方第三十三集团军以主力东渡汉水，将日军第十三、第三十九师团阻击于南阳至宜城之间。5 月 14 日，张自忠率第七十四师、骑兵第九师、总部特务营在方家营与日军第十三师团激战，由于泄密，日军掌握了中方军队的动向，日军第十三、第三十九师团沿汉水东岸南下，在日军航空兵配合下进攻张自忠部。15 日夜，日军第三十九师团从方家集、南营向南瓜店进攻，中方第七十四师及特务营在日军猛烈进攻下伤亡殆尽，张自忠亲自率部与日军激战，在击毙多名日军后壮烈殉国。张自忠是中方牺牲在抗日战场上的最高将领。其英勇殉国，受到国共两党的高度评价，国民政府为他举行了隆重的葬礼。

日军第十三、第三十九师团在宜城得手后继续北上进攻，与枣阳地区的第三师团会合，反攻中方第五战区部队，中方遂向白河以西撤退。21 日，日军第三师团攻至邓县，第十三师团攻至老河口以东，第三十九师团攻至樊城。21 日凌晨，日军第三十九师团在白河西岸遭到中方军队猛攻，联队长神崎哲次郎等 300 余人毙命。当晚，日军第十一军下令停止追击，枣阳地区作战结束。

日军不顾在汉水东岸的军事失败，继续向宜昌进攻，5 月 25 日，日军第十一军下令西渡汉水进攻宜昌，并积极准备作战物资，中国派遣军还从第十三军第二十二师团抽调 3 个步兵大队、1 个山炮大队增补第十一军。5 月 31 日晚，日军第三十九师团开始炮击并在宜昌城北王集强渡汉水。与此同时，日军第三师团也从襄阳东南渡河。两路日军在未遭到中方强烈抵抗情况下，较为顺利地渡过汉水。由于中方军队错误估计日军不会进攻宜昌，因此，襄河以西兵力空虚，且远安、南漳等地也无防卫，宜昌城只有少量兵力驻防。当中方发现日军的作战企图后，军委会在6月1日紧急决定将第五战区分为左、右两翼兵团，分由李宗仁、陈诚指挥，抗击日军。但日军趁中方兵力空虚快速推进，6月1日，日军第三师团已占领襄阳，3日，攻下南漳，日军第三十九师团占领宜城。6月4日，日军第十三师团、池田支队、汉水支队强渡汉水，与第三师团、第三十九师团南北夹攻荆门、当阳。陈诚指挥右翼军团逐次抵抗日军进攻并向荆门、仙居一线转移，双方激战多日，6月8日，日军池田支队攻破中方第二十六军之防线，占领沙市、荆州，并由宜沙公路逼近宜昌。9日，日军第三师团、第三十九师团、第十三师团南北夹击当阳，当阳很快失守。10日，日军在上百架飞机及战车掩护下猛攻宜昌，中方守军因布置仓促且兵力不足，12日，宜昌陷落。日军占领宜昌后，按照原定计划在6月15日22时下令撤回汉水东岸。中国军队沿途反击撤退的日军，于17日收复宜昌。日本军政当局为早日解决中国战事，给重庆的国民政府施压，日军参谋本部在6月16日发出确保宜昌一个月的命令，但命令下达时，日军已撤离宜昌，第十三师团又奉命在第三师团的配合下，6月17日重新占领宜昌。此后，中日双方军队在宜昌、当阳、江陵、荆门、钟祥、随县、信阳外围形成对峙。枣宜会战结束。

吉田炮兵部队在湖北艰难行军。〔南京民间抗战博物馆馆藏日方报刊战地照片〕

■1 干渴的日军在饮水。
〔南京民间抗战博物馆馆藏
日方报刊战地照片〕

■2 和平状态下的长江宜昌
段。〔南京民间抗战博物馆
馆藏日方报刊战地照片〕

■3 杀气腾腾冲入沙市的日
军廉浦部队。〔南京民间抗
战博物馆馆藏日方报刊战地
照片〕

1

2

3

1

2

3

4

■1 日军冲入沙市。〔南京
民间抗战博物馆馆藏日方报
刊战地照片〕

■2 日军进攻沙市。〔南京
民间抗战博物馆馆藏日方报
刊战地照片〕

■3 日军埋设爆炸装置。
〔南京民间抗战博物馆馆藏
日方报刊战地照片〕

■4 日军坪岛部队敢死队破
坏中国军队所布设的铁丝网。
〔南京民间抗战博物馆馆藏
日方报刊战地照片〕

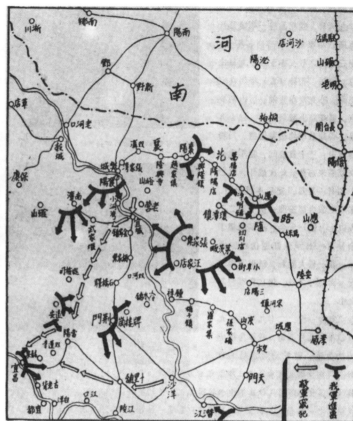

1 在枣宜战场殉国的中方第三十三集团军张自忠总司令。〔曹聚仁、舒宗侨编著:《中国抗战画史》（下），第488页〕

2 豫西鄂北中国守军反攻作战图。〔曹聚仁、舒宗侨编著:《中国抗战画史》（下），第494页〕

3 与张自忠将军一起在南瓜店指挥战斗的中方副总司令李文田将军。〔曹聚仁、舒宗侨编著:《中国抗战画史》（下），第489页〕

4 张自忠将军牺牲后，遗骸自战场觅获并由襄樊运往陪都重庆。〔曹聚仁、舒宗侨编著:《中国抗战画史》（下），第489页〕

1

2

3

1 中国军队攻入枣阳城北门。〔曹聚仁、舒宗侨编著：《中国抗战画史》（下），第492页〕

2 坚守枣阳的中国战士。〔曹聚仁、舒宗侨编著：《中国抗战画史》（下），第416页〕

3 1940年5月9日，中方第一七三师钟毅师长在第二次随枣战役中牺牲于枣阳苍苔镇，遗骸由夫人及胞弟护送至陪都重庆。〔曹聚仁、舒宗侨编著：《中国抗战画史》（下），第491页〕

第三章

三次长沙作战

1939 年 9 月 14 日，湘赣作战拉开战幕，日军冈村宁次大将指挥 10 万兵力，从赣北、鄂南、湘北进犯长沙，中方第九战区代司令长官薛岳动员战区所属部队约 30 万兵力迎击。中日双方军队战至 10 月 15 日，以中国军队克复三都并继续追击而告结束。此役日军伤亡达 2 万余人，中方伤亡 3 万余人。时值德国法西斯横行欧洲，英法诸国新败之际。"湘北大捷"打破了"皇军不败"的神话，遏制了侵略者的气焰，极大的鼓舞了世界人民反法西斯的斗志。

1941 年 6 月苏德战争爆发后，为呼应北方作战，湘鄂日军出动 10 余万人，配备强大的火力和大量骑兵，于 9 月中旬第二次对长沙发动了大规模进攻。此役日军称之为第一次长沙作战，中方称之为第二次长沙会战。中方第九战区所辖兵力为 40 个师，以 50 余万人迎击来犯日军。9 月 28 日日军攻入长沙后，因力量不支被迫撤退。10 月 9 日双方恢复到战前状态，此役日军伤亡达 2 万余人，中国军队损失近 7 万人。

1941 年 12 月 8 日，日军发动了太平洋战争。驻华中的日军出动 12 万兵力，于 12 月 24 日再度进犯长沙。中国军队第九战区决定集中兵力将日军诱至浏阳河、捞刀河间地区予以歼灭。会战一开始，湖南民众以"焦土抗战""与日俱亡"的悲壮气概全力支援抗战，守卫长沙城的第九军将士从军长到士兵，均抱定与城共存亡的决心拼死抵抗。双方激战到 1942 年 1 月 15 日，基本仍保持了战前原态势。此役共毙伤日军 5 万余人，俘日军 139 人。第三次长沙会战的胜利，是珍珠港事件以来盟国在亚洲战区中唯一的胜利。长沙之战，令西方对中国刮目相看。中国艰苦抗战多年后，终于跻身成为抵抗法西斯轴心国的主要盟国之一。

一、第一次长沙会战（湘赣作战）

进入相持阶段后的正面战场，敌我态势在较长一段时间内处于相对稳定的状态。但看似平静的表面，却暗流涌动。战场之外，中日双方开展了密切的接触与角逐，但"和谈"因双方均无"诚意"而无进展。

1938年8月30日，日本陆相板垣发表对华政策的谈话，表示日本将彻底推开蒋介石，并培植傀儡取而代之。这进一步激怒了蒋介石，亦使中日和谈计划彻底破产。

12月19日，经过日本的秘密策划拉拢，国民党副总裁、对日和谈派代表人物汪精卫脱离重庆，投靠日本。22日，日本首相近发表声明，表示愿与以汪精卫为代表的国民政府"和谈"，开始了分裂抗战阵营的政治阴谋活动。

为了配合汪伪政权出台，1939年，日军决定"乘加快在华建立中央政权的势头，于9月下旬把敌第九战区军队消灭在赣湘北境地区，挫败敌军抗战企图"。这便是所谓"湘赣作战"之肇因。

9月9日，日军大本营为适应新时期作战要求，决定撤销华中派遣军司令部，改设中国派遣军总司令部，统一指挥在华日军作战。西尾寿造大将任中国派遣军总司令，前陆相板垣征四郎中将为参谋长。新成立之中国派遣军仍然以华中地区为主作战区域，决定在湖南战场采取以攻为守的战略。

这次担任主作战任务的是日军第十一军以及海空军各一部，约10万兵力，在司令官冈村宁次统帅下，向湘北、赣北、鄂南进行奔袭攻击。此役，日军以湘北为主战场，以赣北、鄂南为辅战场，故称之为"湘赣作战"。

为打破日军战略企图，第九战区代司令长官薛岳指挥16个军30多个师约30万兵力，采取"逐次抵抗""诱敌深入"的方针，在长沙附近抗击来犯日军。

在赣北战场，日军为隐蔽主攻方向而实施辅助进攻，进攻兵力由第十师团主力及佐枝支队组成。日军首攻高安，目的是牵制中方第十九集团军罗卓英部，阻止其支援湘北作战。而守军对日军作战目的不甚了解，为雪过去丢失南昌之耻，罗卓英率部与日军展开激战。他抗拒战区命令，未让其主力第七十四师王耀武部支援湘北。这样，虽然在赣北迟滞了日军进攻步伐，守住了阵线，却未能达到支援湘北主战场作战的目的。

在鄂南战场上，进攻兵力为日军第三十三师团，其任务是配合右翼主攻方向的第六师团、第二十六旅团合击平江以北的守军，并策应第一〇六师团的作战。中方第九战区在此方向担任守备任务的部队是第二十军、第七十九军。

9月21日，日军开始向第七十九军在通城以南的前沿阵地发起进攻。23日突破守军主阵地并继续向南进攻。第二十军立即向第七十九军靠拢，试图对日军形成南北夹击之势，中日双方军队在石福岭一带展开激战。日军多次进攻，均被守军击退。

10月1日，日军主力继续向西南突击，占领长寿街、献钟，但随即遭到守军猛烈还击，日军攻击势头被遏制。冈村宁次担心正向长沙突进的奈良支队孤军深入有被消灭之虞，急令其回攻平江。此时，各路进攻的日军在守军的顽强抗击下均已处于劣势，冈村宁次在研判局势后下令各部队回撤。10月2日，奈良支队经平山向通城撤退。日军主力也奉命向赣北的三都退却，于10月11日退回通城。

在湘北战场上，日军主攻兵力由第六师团、奈良支队和上村支队担任。其当面守军是第十五集团军所属3个军。他们一方面利用既设阵地逐节抵抗，以诱使敌人进入幕阜山区，另一方面在长沙附近设伏重兵准备予日军以打击。

9月23日，湘北日军主力在赣北、鄂南日军的辅攻下，开始强渡新墙河。守军殊死抵抗，使日军第一、二次进攻均被挫败。恼怒的日军集中火炮以毒气弹密集轰炸守军阵地，河防阵地全被毁，守军士兵多因中毒而失去战斗能力，日军终于渡过新墙河。面对不利战况，薛岳决定一方面派兵阻击日军，不使其扩大阵地；另一方面撤兵至汩罗江二线阵地，诱敌至长沙郊区实行包围后聚歼的方针。

日军突破新墙河后，步步深入，双方军队在汩罗江两岸激战。守军将冒险渡河之日军步骑兵悉数歼灭，但终因火力不足而未能阻止日军后续部队渡河，南岸两处据点被日军攻占。

国民政府军事委员会针对战局变化，决定后撤兵力，必要时准备放弃长沙，在战术上采用步步抵抗或让开大路之方法。蒋介石认为主动让开大路有碍国际视听与观瞻，因而决定节节抵抗，诱敌深入，在株洲、浏阳等地部署预备兵力，在长沙附近与来犯日军决战。随后，蒋介石电令薛岳："准备6个师兵力，位置于长沙附近，亲自指挥，乘敌突入长沙之际，侧击而歼灭之。"[1]薛岳遵令留置两团兵力牵制日军，将其余主力退守长沙附近设伏。

9月26日至30日，守军第五十二军在福临铺等地伏击日军，七十三军在粤汉路两侧阻击日军，战斗甚为激烈，日军遭受重创。

日军在进击过程中，沿路不断遭到中国军民的袭扰。湖南民众自发组织了各种自卫队打击日军，使日军寝食难安，"各高山顶鸣锣敲梆，敌膳饮虽具不敢就食"[2]。而中国军民在日军后撤时将道路完全破坏，使路上大坑小坑土堆相连，"无论哪一种双轮车都绝对不能通过"，"公路上更掘成深宽的坑，有时连路基都犁如稻田，至于一切桥梁，也都荡然无存"[3]，日军的坦克和大炮寸步难行。对此困境，冈村宁次看到战事再深入下去，对己则将愈加不利，遂有了撤兵之意。时值大本营收缩战线命令下达，冈村宁次急令其统辖的第十一军立即撤退。9月30日，日军在发动最后攻击后主动撤兵，仅余少数部队掩护作战。

薛岳接到前线关于日军退却的报告后，立即发出命令："战区以捕捉湘北溃退之敌为目的，立即向崇阳一线猛烈追击。"试图将日军主力全歼于崇阳、岳阳以南地区。但此令下达已迟，日军虽遭追击，但大部兵力仍有较为从容的撤退时间。10月15日，中国军队克复三都，战场恢复战前态势。第一次长沙之役至此结束。

总计此役历时月余，日军投入10万余兵力，中方投入30万兵力，双方进行了相持阶段

〔1〕《蒋介石致薛岳电》（1939年9月26日），中国第二历史档案馆馆藏档案七八七。
〔2〕中国第二历史档案馆馆藏：《长沙会战初稿》第20册，第208页。
〔3〕中国第二历史档案馆馆藏：《长沙会战初稿》第20册，第312页。

的第一次较量。虽然中方伤亡数倍于敌，但日军并未达成捕捉歼灭中方主力的目的，不得已而退回原防线。

战役结束后，薛岳在向重庆汇报此次战役的电报中道："与敌激战七十余夜，先后毙敌三万余人，俘获无算。敌军六路会攻长沙计划从此粉碎无遗。"一时"湘北大捷"的喜讯传遍大江南北，各地民众纷纷游行庆祝，蒋介石亦致电嘉奖。在南岳党政军联席会议上蒋介石还说："湘北打了胜仗，捷电传出，大家心理为之一变"，"国内外一般极感兴奋，自信心格外坚定"。[1]

此役，正值德国法西斯横行欧洲，英法诸国新败之际。"湘北大捷"打破了"皇军不败"的神话，极大的鼓舞世界人民反法西斯斗志。薛岳也因此功正式出任第九战区司令长官。

纵观正面战场，湘赣作战是进入相持阶段后正面战场上发生的第一场典型的战例。在战略上，日军为准备和发动太平洋战争，抽调兵力开赴南洋，必须在中国战场收缩兵力，巩固占领区稳定战线，有鉴于此，日本当局对国民政府采取以政治攻势为主、以军事攻势为辅的方针。在军事上，日军不再是以攻城掠地为作战目的，而只以局部的出击与攻势，打击中国军队，以此来协助其政治、外交攻势，达成在全局上"不战而胜"解决"中国事变"的目的。此时，已处于战略守势的日军，无法纠集大量兵力开展全面攻势，即使占领城镇亦无法固守，无论胜败都不得不撤兵原防。从中也可看出日军已力不从心，兵力部署也捉襟见肘。

长沙城鸟瞰。〔曹聚仁、舒宗侨编著：《中国抗战画史》（下），第 425 页〕

---

[1]《蒋委员长南岳党政军联席会议训词》（一），中国第二历史档案馆馆藏档案七八七。

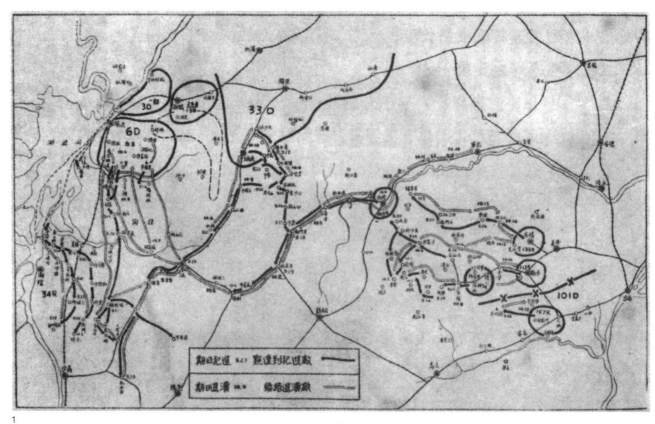

1

2

3

1 第一次长沙会战日军进攻与退却图。〔曹聚仁、舒宗侨编著:《中国抗战画史》(下),第 425 页〕

2 日本中国派遣军总司令西尾寿造。〔曹聚仁、舒宗侨编著:《中国抗战画史》(下),第 420 页〕

3 中方守军第四十一师师长丁治磐。〔中国第二历史档案馆编:《中华民国历史图影档案》,第 791 页〕

1

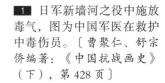

2

3

1 日军新墙河之役中施放毒气，图为中国军医在救护中毒伤员。〔曹聚仁、舒宗侨编著：《中国抗战画史》（下），第428页〕

2 中国军队在福临铺设伏击退日军。〔曹聚仁、舒宗侨编著：《中国抗战画史》（下），第429页〕

3 湘北大捷，中国军队横渡汨罗江，收复新墙河，进逼岳阳。〔曹聚仁、舒宗侨编著：《中国抗战画史》（下），第429页〕

■1■ 草鞋岭歼灭战中，中国守军师长覃异之与幕僚研究作战方案。〔曹聚仁、舒宗侨编著：《中国抗战画史》（下），第 430 页〕

■2■ 中国守军在平江与日军激战。〔曹聚仁、舒宗侨编著：《中国抗战画史》（下），第 431 页〕

■3■ 中国军队收复平江。〔曹聚仁、舒宗侨编著：《中国抗战画史》（下），第 432 页〕

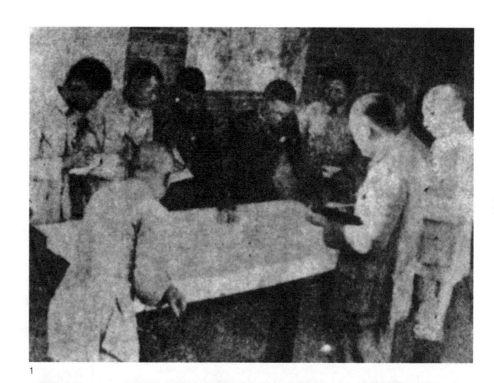

1

2

3

1

2

3

■1 中国军队胜利回到长沙。〔曹聚仁、舒宗侨编著：《中国抗战画史》（下），第433页〕

■2 中方薛岳司令官接受外国记者采访。〔曹聚仁、舒宗侨编著：《中国抗战画史》（下），第419页〕

■3 福临铺歼灭战战场。〔曹聚仁、舒宗侨编著：《中国抗战画史》（下），第430页〕

1 中国军队守卫在新市高支庙山口。〔曹聚仁、舒宗侨编著：《中国抗战画史》（下），第 430 页〕

2 长沙会战后，湘江恢复平静。〔曹聚仁、舒宗侨编著：《中国抗战画史》（下），第 434 页〕

3 第一次长沙会战后，驻华外国武官与记者在察看日军阵地与死尸。〔郑佳明主编：《长沙万象》，湖南文艺出版社，第 82 页〕

4 中方华中南北两大战区第五战区司令长官李宗仁与第九战区司令长官陈诚合影。〔曹聚仁、舒宗侨编著：《中国抗战画史》（下），第 482 页〕

二、第二次长沙会战

    1941 年 1 月，日本趁英、美忙于欧洲战争之机，积极谋求南进。美国则希望借助中国抗战拖住并消耗日本，因而加大了对中国的援助力度。日本感到自己在远东的战争必须把处理中国问题和解决南北方问题加以综合考虑。基于这个原因，日军大本营制定并经御前会议通过了《大东亚长期战争指导纲要》和《对华长期作战指导计划》。

    在《对华长期作战指导计划》中，日军大本营提出："不放松现在对中国的压力，在此期间应用一切办法，特别是利用国际形势的变化，力求解决中国事变。"1941 年春，阿南惟畿接任日军第十一军司令官后，根据大本营的指示，制定了长沙作战计划，也即"加号作战"计划，积极策划对第九战区发动新的攻势，"予第九战区敌军一次沉重打击"。[1]

    1941 年 6 月，苏德战争爆发后，日本御前会议决定一旦苏德战争的发展对日本有利，即使用武力解决北方问题。为此，大本营考虑要从第十一军至少抽调两个师团到中国东北加强对苏战备，同时继续准备南进，"加号作战"计划因此被搁置。新任中国派遣军总司令畑俊六和第十一军司令官阿南惟畿对此极力反对，认为只有彻底摧毁中国军队继续抵抗的意志、才是解决中国问题的关键。8 月上旬，大本营最终决定放弃对苏作战，同时以第 538 号"大陆命"正式批准了"加号作战"计划。

    8 月底，日军第十一军在湘北岳阳以南地区集结了第三、第四、第六、第四十师团和 4 个旅团，配有战车第十三联队、野重炮第十四联队、独立野战重炮第十五联队第一大队及部分工兵、空军、海军部队，计有步兵 45 个大队，炮兵 26 个大队，总兵力达 12 万人，并配有军舰 20 余艘、汽艇 200 余只、飞机 100 余架，在司令官阿南惟畿的统帅下，向长沙发起进攻。此次"加号作战"，阿南惟畿接受湘赣作战中"多头并进"的失败教训，改用"纵深突破"战术，将主力并列于狭窄的正面上展开攻击。

    为了阻击日军南犯，国民政府军事委员会命令第三、第五、第六战区对当面之日军采取攻势，以牵制日军，第九战区对日军实施袭击，使其不能集中兵力，然后借新墙河、汨罗江、捞刀河三线阵地，引诱日军主力深入至长沙东北地区加以围歼。第九战区参加会战的部队共计 40 个师 50 余万人，由第九战区司令长官薛岳指挥。

    第九战区针对日军进攻态势，制定了"诱敌于汨罗江以南、捞刀河两岸地区反击而歼灭之"的作战计划，除沿新墙河布防外，将第四军、五十八军开赴鄂北大云山，出击扰敌，以迟滞敌军攻势。日军为了清除正面攻击障碍，决定先对大云山进行扫荡。9 月 7 日，日军第六师团主力进攻大云山地区，而中方对日军意图估计不足，认为"日军态势兵力之部署，似无攻

---

    〔1〕日本防卫厅防卫研究所战史室：《中国事变陆军作战史·长沙作战》，中华书局 1979 年 7 月版，第 10 页、第 25 页。

略长沙之企图"，故而向大云山区增兵，而日军第四十师团却趁机完成了正面攻击的准备。

9月18日，日军向新墙河南岸的中国军队发起全线进攻，在炮兵、航空兵强大的火力支援下强渡新墙河。沿河设防的第四军各师凭借既设阵地抗击南进日军的集中攻击，战斗甚为惨烈。因此前第四军抽调兵力参加大云山战斗，在日军凌厉攻势下，只得向后退却。日军强渡新墙河后，迅速突破守军第一线阵地。第四军乃转入长湖东、西第二线阵地，继续顽强抵抗。日军第三、第四师团及早渊支队沿粤汉铁路两侧地区继续向南突进，日军平野支队也搭乘舰艇沿洞庭湖东侧在青山附近登陆，协同主力向第四军阵地发起进攻，守军第二防线在日军的强大攻势下迅速瓦解。鉴于日军攻势凶猛，且有空中支援，战区司令官薛岳遂命令第四军各师撤出战斗，向右翼山地转移。

9月19日，日军已抵达汨罗江北岸地区。为阻止日军向长沙推进，第九战区电令第三十七军、第九十九军坚守汨罗江南岸，隔江阻击日军；第二十军向日军侧击；第二十六军向捞刀河以北，第七十四军向浏阳河附近急进；准备于长沙城前实施反击。因第九战区司令部9月18日发给各部队的电报被日军截获并破译，日军第十一军原定沿长岳公路突进至汨罗江南岸后将主力用于战场西部，当获悉第九战区以4个师守备汨罗江既设阵地，而将主力置于战场东部侧击日军的情报后，立即改变原定部署。第三、第四师团逐次转向瓮江东侧地区，第四十师团、第六师团从东面山地迂回，对中方形成合围态势，于捞刀河以北地区围歼从东面侧击日军的中国军队。同时，提前强渡汨罗江。

21日至23日，守军各部队与来犯日军展开对决。经过激战，日军已进至守军防线侧后，突破了阵地。第九战区预定在汨罗江两岸与日军决战，消灭日军主力的目的不仅没有实现，在此方向担任守备的各军反被日军各个击破，损失惨重。

为了摆脱被动的局面，薛岳命令各军"迅速集结兵力，攻击一点"，寻机突出包围。但在日军包围之中各部已呈溃散之势。

日军第三、第四、第六、第四十师团、早渊支队与荒木支队在汨罗江以南击破守军防线后，乘势向南突进，于9月25日前后陆续进抵捞刀河北岸，迫近长沙。是日，薛岳率战区司令部撤出长沙，移往湘潭。

为了力保长沙城池不失，薛岳电令第七十九军守备捞刀河南北地区，保卫长沙外围；暂编第八师，限于26日到达榔梨市阻击日军；第七十四军日夜兼程向黄花市前进，在夏家塘、春华山一线占领阵地，迎击南进日军。

闻知第七十四军这个冤家对手从江西赶来增援，阿南惟畿异常亢奋，因为第七十四军是中国最精锐部队之一，是蒋介石中央军中的王牌军。自1939年9月第一次长沙会战起，该军曾与第十一军进行过较量，阿南惟畿想借此次战役与之一决雌雄。他立即调整作战部署，命令第三、第四师团向捞刀河以南突进，同时改变第六师团原定计划，命令其向捞刀河谷快速推进，命令第四十师团南下，以此形成对第七十四军合围之势，企图在捞刀河附近消灭此精锐之师。

9月25日，第七十四军先头部队第五十七师抵达捞刀河北岸时发现春华山已被日军占领，随即抢占南岸天鹅山高地，与日军形成对峙。日军凭借其数倍于第五十七师的优势兵力以及强大的火力向天鹅山展开进攻，经过彻夜鏖战，至26日晨，第五十七师不仅多次击退日军进攻，还乘机对日军进行反击，夺回春华山阵地。27日晨，日军第三师团主力在空军支援下向第五十七师正面阵地连续猛攻，第四师团则攻击其左翼，在两个师团的前后夹击下，第五十七师誓死坚守阵地，伤亡惨重，部队损失近3000人。与此同时，第七十四军所部各师坚守捞刀河两岸阵地，阻击日军进攻，给了日军以相当杀伤，在力量对比悬殊的对决中，第七十四军付出了惨重的代价。9月27日夜，薛岳命令第七十四军撤出战斗，向东撤退。日军强渡捞刀河以后直趋长沙。

9月27日，日军在空军火力的支援下，连续突击，战斗至晚，再次突破第九十八师第一线阵地，逼近长沙。28日，日军早渊支队攻破守军阵地，突进长沙。刚刚抵达岳麓山的第七十九军暂编第六师奉命进入长沙，与日军展开巷战。9月30日，日军第四师团也到达长沙，第三师团一部突入株洲，与暂编第二军先头部队发生战斗，暂编第二军随即撤出株洲。日军第六师团集结于镇头市附近，第四十师团集结于狮形山附近。至此，阿南惟畿认为已完全达到了预期作战目的，遂停止了攻势。

至此，阿南惟畿认为"严重打击"第九战区主力之作战目标已达，加之其后方供给线已被中方切断，遂于10月1日晚决定全面后撤。重庆军委会获悉日军撤退情报后，电令第九战区"立即开始追击，相机收复岳阳"。各部队接到命令后，对撤退中的日军展开追击。第二十七集团军亦从尾追日军立即转变为阻截日军的主力，且歼敌俘获颇多。

10月9日，日军全部回渡新墙河，转为守势，双方又回到战前状态。

在湘北主战场激战之时，中方第六战区遵令配合作战，以14个师的兵力，集中攻击宜昌，试图迫使日军从湘北撤兵回援，缓解第九战区压力。但六战区司令长官陈诚作战决心不足，迟至9月30日才发起总攻，贻误了战机。这时，湘北日军作战目的已达，准备后撤，形势反而转变为第九战区为了保证第六战区攻占宜昌而不得不尽力尾击迟滞日军撤退之势。

10月2日，第六战区经过激战攻至宜昌城郊，此时城内日军仅有一个不完整的第十三师团。重庆军事委员会命令第六战区司令长官陈诚要求各部队"不顾任何牺牲，务于三日内克复宜昌"。各军不惜牺牲攻向城内，日军虽伤亡惨重，最后连卫生队及轻伤员也全部上阵作战，其师团长甚至已下令烧掉军旗准备自杀，但10月8日，阿南惟畿命令所部日军向第六战区发起攻势拟救援宜昌被困日军，中方同时也下令在11日夜以前攻占此城，最后中方攻至城内距日军司令部不足千米之处时，被困日军垂死挣扎，向中方军队施放毒气，加上城外日军援军已经到达，中日双方军队经过激战，中方军队功败垂成，于11日夜冒雨撤出宜昌。此役虽歼敌甚多，但最终未能完成攻占宜昌的任务。

第二次长沙会战，对中方来说本来应是一次败仗，但因日军的退却，中方把此役称为"第二次长沙大捷"。

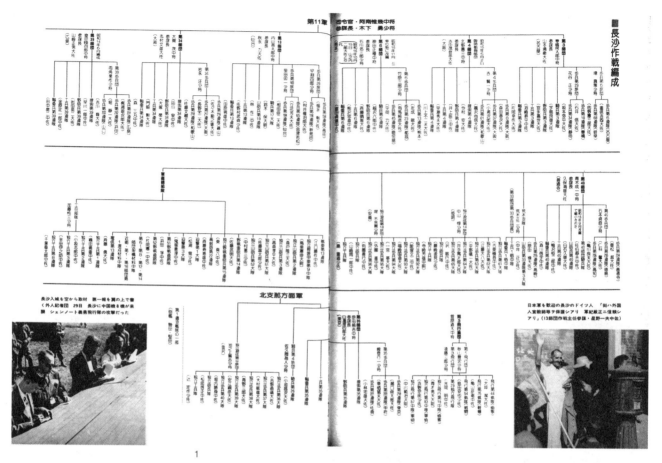

1　日军进攻长沙作战部队
编成图。〔牧野喜久男编：
《日本的战史（6）·日中战
争（4）·宜昌、长沙攻略，
平汉－粤汉线打通作战》，
每日新闻社1979年12月版，
第146页〕

2　1941年9月，长沙战场
上的日军神田部队士兵。
〔牧野喜久郎主编：《一亿
人的昭和史》，每日新闻社
1975年版，第140页〕

1

2

3

4

1 第二次长沙会战中，新墙河畔的日军战车。〔平塚柾绪编著：《日中战争·日、米、中报道记录》，第140页〕

2 强攻长沙城的日军敢死队。〔平塚柾绪编著：《日中战争·日、米、中报道记录》，第143页〕

3 日军第六十一师团在新墙河畔村庄作战。〔牧野喜久男编：《日本的战史（6）·日中战争（4）·宜昌、长沙攻略，平汉－粤汉线打通作战》，第137页〕

4 日军进攻长沙之九二式机枪阵地。〔牧野喜久男编：《日本的战史（6）·日中战争（4）·宜昌、长沙攻略，平汉－粤汉线打通作战》，第140页〕

1 日第四〇师团敢死队进攻平江。〔牧野喜久男编:《日本的战史（6）·日中战争（4）·宜昌、长沙攻略，平汉－粤汉线打通作战》，第140页〕

2 日军进攻捞刀河畔。〔牧野喜久男编：《日本的战史（6）·日中战争（4）·宜昌、长沙攻略，平汉－粤汉线打通作战》，第143页〕

3 捞刀河畔的日军运送伤员。〔牧野喜久男编：《日本的战史（6）·日中战争（4）·宜昌、长沙攻略，平汉－粤汉线打通作战》，第142页〕

1

2

3

1 长沙巷战中的日军。
〔牧野喜久男编：《日本的战史（6）·日中战争（4）·宜昌、长沙攻略，平汉－粤汉线打通作战》，第149页〕

2 日军辎重、战马陷于泥沼之状。〔每日新闻社编：《日本的战历》，第52页〕

3 日军作战间隙夜间烤火休息。〔牧野喜久男编：《日本的战史（6）·日中战争（4）·宜昌、长沙攻略，平汉－粤汉线打通作战》，第149页〕

4 日军深陷河中。〔南京民间抗战博物馆馆藏日方报刊战地照片〕

1

2

3

4

1

2

3

1 1941 年 9 月 18 日，长沙日军艰难行于沼泽中。〔牧野喜久郎主编：《一亿人的昭和史》，第 126 页〕

2 日军用火焰喷射器向长沙城门的中国守军喷射。〔平塚柾绪编著：《日中战争·日、米、中报道记录》，第 144 页〕

3 日军占领长沙，长乐街上行进的日军士兵。〔牧野喜久男编：《日本的战史（6）·日中战争（4）·宜昌、长沙攻略，平汉－粤汉线打通作战》，第 142 页〕

1 面有惧色被迫"欢迎"日军的市民。〔南京民间抗战博物馆馆藏日方报刊战地照片〕

2 村井部队在长沙遥拜天皇。〔南京民间抗战博物馆馆藏日方报刊战地照片〕

3 中国守军炮兵轰击日军。〔平塚柾绪编著:《日中战争·日、米、中报道记录》,第142页〕

1

2

3

1

2

3

4

■1 第二次长沙会战中，中国军队登上天心阁向日军攻击。〔周勇等编著：《重庆图书馆馆藏珍贵抗战图片集》，第179页〕

■2 第二次长沙会战中方士兵救护伤兵。〔平塚柾绪编著：《日中战争·日、米、中报道记录》，第143页〕

■3 第二次长沙会战中，中国军队过河追击日军。〔周勇等编著：《重庆图书馆馆藏珍贵抗战图片集》，第179页〕

■4 中方缴获日军的战利品。〔平塚柾绪编著：《日中战争·日、米、中报道记录》，第145页〕

三、第三次长沙会战

1941 年 12 月 8 日，日本中国派遣军第二十三军在南方军发动太平洋战争的同时，也从广州向香港发动进攻。为了配合英军作战，国民政府军事委员会于 12 月 9 日命令各战区对当面之敌发起进攻，以牵制日军。同时命令第四战区向日军第二十三军进攻，以策应香港英军作战，并命令第五军、第六军和第六十六军分别向云南集结，准备进入缅甸支援英军。日军发现中方第二军、第四军由长沙附近南下的动向后，遂决定先发制人，向汨罗江方面发起进攻，以牵制中国军队，配合其第二十三军攻占香港，第三次长沙作战也由此展开。

11 月 17 日，第九战区司令长官薛岳在长沙召开战区高级军官会议，总结第二次长沙会战的经验教训，研究防御作战的有关问题。在会上，他提出新的战术构想：在敌深入湘北内地的两侧及正面部署重兵，当敌前进到浏阳河一带兵力已经分散时，从正面进行反攻和追击。在湘北东部山区及西部湘江沿岸的部队则对敌进行侧击、包围。这一战术就是所谓"天炉战术"，又称为"反八字战法"。

第九战区制定的此次作战方针则为：以诱敌深入后进行决战。日军进犯时，以一部兵力由第一线开始逐次抵抗，随时保持国军于外线，俟日军进入既定决战地区时，以全力开始总反攻，包围日军进而歼灭之。

12 月上旬，第九战区司令长官部发觉日军调动频繁，向湘北、赣北集中兵力，且其飞机不断侦察中方阵地，并抢修机场，判断日军将有再攻长沙的可能，遂积极进行作战准备。

12 月 14 日，日第十一军司令官阿南惟畿命令参战部队向岳阳以南集结，为了掩护其主力部队集结，18 日，第六、第四十师团的先头部队向驻守在新墙河以北的中方阵地进行攻击。

12 月 24 日，日军第六师团全部进至新墙河北岸，左翼第四十师团首先发起进攻，在猛烈炮火的掩护下强渡新墙河，拉开了"三战长沙"之序幕。日军兵分三路向南挺进，中国守军第二十军依托工事据点，顽强抵抗，打退日军多次冲锋，许多连队乃至整个营团士兵牺牲殆尽，他们的英勇牺牲为主力向日军两侧转移争取了宝贵的时间。27 日至 28 日，日军付出沉重代价渡过了汨罗江，而守军第二线兵团已从鄂、桂、粤等地提前十余日开赴战场，保有外线作战之有利态势。湘北的冬季一般干燥无雨，但这期间却雨雪连绵，中方士兵冒着风雪寒冷顽强坚守阵地，而日军的进攻则更感困难。天阴云厚，日机不能升空，失去了空中优势。道路泥泞，河水上涨，对长途奔袭的日军机械化部队更是行动障碍。加上后勤供应不上，日军遭遇到前所未有的困难，作战能力锐减。中日双方军队在汨罗江南岸相持至 30 日，按预定期限，日军本应撤兵回防，且香港已于 12 月 13 日被日军占领，攻打长沙牵制中国军队之预期目的已失去意义。但阿南惟畿误信中方正面兵力薄弱，已无二线兵力可用之情报，竟下令不顾一切继续南进，准备占领长沙，以此"予蒋政权以无声的威胁"，"表明皇军尚有余力"。

因此，日军犯下了一个不可挽回的错误。

这时的日军，因在艰苦环境下连续作战，士气已呈下降状态，对于阿南惟畿变更作战计划之举，更是困惑不解，甚至一些高级军官都认为再往南进就是"自暴自弃之作战"。而中方第九战区上下则信心十足，准备按既定计划，围歼日军。薛岳下令以第十军固守长沙，其余大部队则从东、南、北三个方面向攻打长沙之日军作"求心攻势"，逐渐缩小包围圈，达成围歼日军之目的。

日军已经杀到了第九战区布置的口袋的袋底，而中国军队也在向日军侧背挺进。第九战区司令长官部于当日命令各部队，于1月1日零时开始总攻，对长沙外围之日军实行反包围。

中国军队在岳麓山上的炮兵显示出了巨大威力，该部队是第九战区直辖炮兵和第十军的炮兵部队，由第十军统一指挥，共约2个团，除步兵炮之外还有重型山野炮四五十门。而日军方面由于道路限制，炮兵无法同步行动，所以日军进攻长沙部队可凭借的仅有少量炮兵及空中支援。为了尽快占领长沙，日军在当日18时30分下达了新的攻击命令。

面对日军新的攻势，守军立即予以回击。北门方向第一九〇师反攻左家塘，南边预十师反攻军储库，同时预十师一部围歼白沙岭之敌，至22时，左家塘和军储库两处阵地相继克复。而窜至白沙岭的加藤大队于2日2时左右与守军遭遇，加藤少佐在战斗中毙命，其余军官相继战死，加藤大队被全歼。

从击毙的加藤身上，第九战区司令长官部缴获了日军出动以来的各种作战计划和命令等文件，得悉当面日军为第三师团，第六师团现位于榔梨市，第四十师团位于金井。更重要的是，薛岳了解到日军弹药已告罄这一重要情报之后，立即命令各集团军按照预定计划快速向长沙外围合拢，围歼敌军。

1月1日，重庆方面也将其直接控制的预备队——头号王牌第七十四军转交第九战区指挥。该军接到命令后立即星夜兼程，开赴长沙战场。

1月2日晨，日军开始攻城。日军第十八联队两个大队对长沙城东侧城墙中央反复冲锋，第六十八联队向南门东西一线发动攻击。中日双方军队反复争夺，陷入混战。守军炮兵对东门、南门猛烈射击，予日军以重创。战至下午2时，守军北门开福寺、东门袁家岭、南门冬瓜山阵地相继失守，但守军迅速组织了反击，冬瓜山、袁家岭据点失而复得。傍晚时分，守军一部从水陆洲的南部乘船到达南门外，侧击第六十八联队用于戒备江岸方向的第七中队，在中方强大火力打击下，该中队伤亡甚大。

为了确保长沙，蒋介石亲电薛岳和第十军军长李玉堂以及该军各师师长，勉励各部死守。

此时日军也到了最后生死关头。由于后勤补给困难，第三师团几近弹尽粮绝，不得不以全部兵力投入战斗，以求速胜。同一日，独立第九旅团到达关王桥，与该地及南侧地区洪源洞以及三江口方面的守军交战。为了尽快攻克长沙，阿南惟畿于1月2日夜命令第六师团全部投入进攻。

除第六师团投入对长沙的进攻外，阿南惟畿又命令第四十师团快速南进至春华山一带，对东部的浏阳山区进行警戒，以保卫其余两个师团后方的安全。当日凌晨，第六师团的日军利用暗夜的掩护和守军的疏忽大意，从陈家山冲上春华山山顶并占领了阵地，致日军第三、第六师团战线由此连成一线。凌晨，日军冲过中国守军的火力网，进攻东瓜山，战斗中大队长横田战死。双方在这一带反复拉锯，守军凭借坚固的工事和充足的弹药顽强抵抗并不断对日军发动反击，岳麓山炮兵又不断轰击横田大队的左侧。

日军第六师团自拂晓发动进攻，其一部急袭了长沙城北侧的阵地，于 13 时抵达湘江河畔。另一部占领了长沙城外的阵地。但是下午就遭到了守军的反击，加上岳麓山炮兵助战，日军的进攻被阻。

1 月 4 日，日军再次发动攻击。中方预十师一方面立即发动反击，一方面命令炮兵压制日军火力。双方在冬瓜山附近反复争夺，阵地数次易手，战况甚烈。最终，预十师夺回了东瓜山阵地。

弹少粮缺的日军此时已成强弩之末，但仍拼死挣扎，许多日兵因无弹药，只能与守军士兵以刺刀肉搏，根本无力推进战线，而守军方面的外线主力正从三面压来，日军已陷入守军的全面包围之中。面对久攻不下的长沙城池，在左右幕僚反复劝谏下，阿南惟畿不得不向他的部队下达了弃攻后撤的命令。当晚，日军第三、第六师团等部乘黑夜全线撤离战场。

是日夜，薛岳下达了追击令，至 5 日，长沙附近日军已仓皇撤离。此时第四军和第七十三军一道开始奋力追击。

薛岳电令各部立即转入分头追击，欲追歼日军于汨罗江以南地区。日军边退边战，饥寒交迫，死伤惨重，沿途抢掠田间米稻生食充饥，丢盔弃甲，狼狈不堪，拼命北走。到 15 日，逃回新墙河北岸。第三次长沙会战，以中国军队大获全胜而告结束。

总计此役，日军死伤 5 万余人，内有大队长、联队长以上军官 10 余人，被俘官佐 139 人，损失惨重，元气大伤。此役日军本为策应香港之作战，但其伤亡人数却为香港之战伤亡人数之 2.5 倍。而且，此次湘北作战是日本发动太平洋战争后在中国战场上的第一次攻势，日军以两个师团之兵力攻打不足一军守卫的长沙，大战 4 天而不能克，如此大败而归，给在太平洋上不可一世的日本陆军以重大打击。

此役的胜利，是珍珠港事件以来盟国在亚洲战区中唯一的胜利。此前日本南方军在百日之内横扫了英美军在东南亚的大部分据点与要塞。长沙之战的胜利，令西方对中国刮目相看，提高了中国政府在反法西斯同盟中的声望。此后，美国政府以最快速度通过法案，拨给中国政府 5 亿美元的信用贷款；英国政府也立刻通过决议给中国 5000 万英镑法币平准基金。中国艰苦抗战多年后，终于跻身成为抵抗法西斯轴心国的主要盟国之一。

1

2

3

■1■ 新墙河岸村庄。〔郑佳明主编:《长沙万象》,第83页〕

■2■ 第三次长沙会战时的长沙县福临铺市镇。〔郑佳明主编:《长沙万象》,第83页〕

■3■ 日机航拍长沙市郊。〔南京民间抗战博物馆馆藏日方报刊战地照片〕

195

1 日机航拍长沙城区。
〔南京民间抗战博物馆馆藏
日方报刊战地照片〕

2 长沙作战日军航空兵准
备出发。〔牧野喜久男编：
《日本的战史（6）·日中战
争（4）·宜昌、长沙攻略，
平汉－粤汉线打通作战》，
第 136 页〕

3 进攻长沙的日军。〔平
塚柾绪编著：《日中战争·日、
米、中报道记录》，第 144 页〕

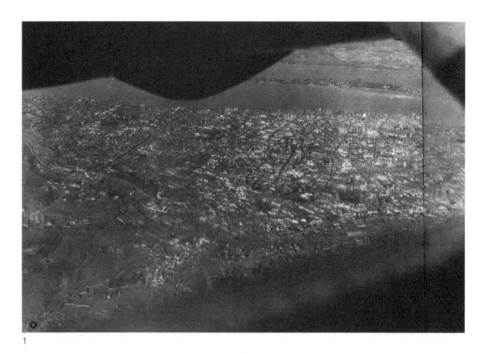

1

2

3

1

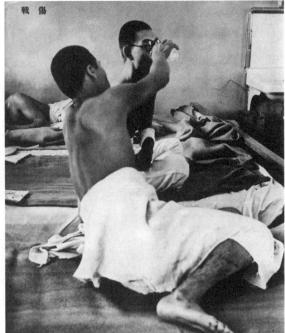

戦傷

2

3

4

■1 被日军捕获的中方第一二三师女情报员（骑马戴草帽者）。〔南京民间抗战博物馆馆藏日方报刊战地照片〕

■2 后方医院中的日军伤兵。〔每日新闻社编：《日本的战历》，第61页〕

■3 向汨罗江左岸冲锋的日军步兵。〔牧野喜久男编：《日本的战史（6）·日中战争（4）·宜昌、长沙攻略，平汉－粤汉线打通作战》，第139页〕

■4 第三次长沙会战时中国军队新墙河岸边机枪阵地。〔郑佳明主编：《长沙万象》，第83页〕

1 中方游击部队部署机枪阵地。〔周勇等编著：《重庆图书馆馆藏珍贵抗战图片集》，第182页〕

2 第三次长沙会战时，中国军队收复长沙县金井镇。〔郑佳明主编：《长沙万象》，第83页〕

3 1942年1月，第三次长沙会战中中方守军的机枪阵地。〔《中华民国抗日战争图录》，第150页〕

4 第三次长沙会战中中方缴获的战利品。〔《中华民国抗日战争图录》，第150页〕

1

2

3

1 第三次长沙会战中中方军官视察前线战壕。〔《中华民国抗日战争图录》，第150页〕

2 中国部队横渡汨罗江进至岳阳市郊。〔周勇等编著：《重庆图书馆馆藏珍贵抗战图片集》，第180页〕

3 中国军队敢死队阵前冲锋。〔周勇等编著：《重庆图书馆馆藏珍贵抗战图片集》，第180页〕

1 第三次长沙会战中方捕获的日军俘虏。〔周勇等编著：《重庆图书馆馆藏珍贵抗战图片集》，第 181 页〕

2 中方侦察兵在敌后方作战。〔周勇等编著：《重庆图书馆馆藏珍贵抗战图片集》，第 181 页〕

3 外出"躲兵"后回到长沙的一户居民祖孙三人照片。〔郑佳明主编：《长沙万象》，第 86 页〕

1

2

3

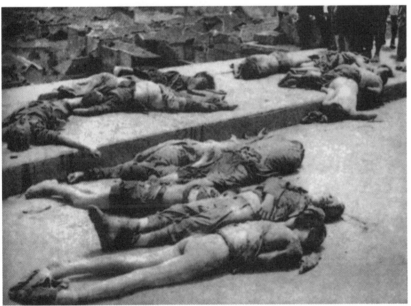

1 一对老夫妇与其被日军杀害的孙子。〔郑佳明主编：《长沙万象》，第87页〕

2 被日军杀害的长沙平民。〔郑佳明主编：《长沙万象》，第87页〕

3 被日军活埋的长沙市郊农民。〔郑佳明主编：《长沙万象》，第87页〕

第四章

常德会战

　　1943 年，是第二次世界大战的重大转折年，国际反法西斯战争现出胜利曙光，北非战场上德意军队向英美联军投降；苏德战场上斯大林格勒保卫战取得胜利，苏军全面向德军反攻；意大利墨索里尼政府宣布战败并无条件投降。太平洋战场，美军在所罗门群岛和新几内亚等地相继转入反攻，并给予日本海军及航空兵以猛烈的打击，日本在海上交通线被切断，日军在南洋一带近 50 万兵力陷入孤立无援、坐以待毙的境地，战事已渐近日本本土，日军在太平洋战场上作战优势丧失殆尽。

　　此时的中国战场上，虽然中日双方仍处于对峙状态，但国际反法西斯战局的演变，愈来愈向有利于同盟国方面转化，看到胜利曙光的国民政府抗战态度愈加积极起来，蒋介石从位于湖南、湖北的第六、第九战区陆续抽调 7 个军转战于云南及印度，准备协同打通中印公路，配合盟军在滇缅方面展开反攻。

　　面对国际形势渐趋不利的局面，日本内阁不得不重新审视并调整其战略。为了扭转太平洋战场的颓势，尽快把深陷中国战场泥潭之中的几十万日军解脱出来，转用到太平洋战场与美军作战，日军大本营决定改变"从战争全局要求出发，不允许中国派遣军进行任何进攻作战"的原定方针，决定发起新一轮进攻，给予中国军队致命打击。

　　根据大本营的战略意图，日军中国派遣军司令部于 8 月 28 日制定了《昭和十八年秋季以后中国派遣军作战指导大纲》，其作战方针是："本年秋季以第十一军及第十三军主力分别进行常德作战和广德作战。来年春季，以华北方面军及第十一军进行打通平汉线作战。" 9 月 27 日，日军大本营以大陆令第 853 号指示正式批准了实施常德作战。

　　常德为湘西重镇，川贵的门户，是湖南西部的政治、经济、军事中心。这里物产丰富，交通发达，地理位置十分重要，属战略要冲，历来为兵家必争之地。武汉失守后，这里成为重庆国民政府的唯一物资补给线。常德在第六战区防地，毗邻的宜昌、武汉、岳阳等城市均处于日军掌控之下。地处正面战场的最前沿，也是通往重庆的咽喉要道和重要屏障。日军如占领此地，东南可虎视长沙、衡阳，西可窥伺四川东部、威胁重庆。经济上，常德素有鱼米之乡的美誉，既是抗战大后方的仓廪之地，也是日军觊觎战略补给之所在。日军大本营确定的常德之战目的是："消灭中国军的主力，摧毁中国第六战区的根据地，使得中国军无法继续作战，而牵制可能转用到云南去的中国军兵力，以策应南洋方面的作战计划。"[1]

---

〔1〕转引自（台北）吴相湘：《第二次中日战争》（下），综合月刊社 1973 年 5 月版，第 903 页。

一、攻占常德及其撤退

按照大本营与中国派遣军司令部的作战方针,日军第十一军拟订了进攻常德的作战计划,计划将整个会战划分为三个阶段进行。其主要内容为:"首先以一部歼灭安乡附近之敌,以主力消灭王家厂周边地区之敌,继而攻占常德,同时追索该方面集结反攻之敌,予以歼灭。作战目的一经完成,即按另行下达之命令开始返还,击灭残敌,恢复原态势。"

1943 年 9 月间,中国军队第六战区司令部见当面日军突然频繁调动,判断日军有再度发动进攻的可能,经过各方面情报汇总,中国军队在 10 月下旬定下了作战计划,决定以一部兵力占领既设阵地,逐次抵抗,消耗日军;以主力向澧水及沅江两岸集中,待机全面反击而歼灭日军。而这一计划的核心就是让第七十四军中的王牌,拥有"虎贲"称号的五十七师固守常德,以将日军吸引至常德附近,而后转移攻势,以强大的外线兵团将日军围歼于常德与洞庭湖间地区。

11 月 2 日,日军中国派遣军总司令官畑俊六集结了所有华中方面 5 个师团 10 余万兵力,即横山勇为司令的第十一军所辖的以山本三男为师团长的第三师团、以赤鹿理为师团长的第十三师团、以澄田赉四郎为师团长的第三十九师团、以左久间为人为师团长的第六十八师团以及第十三军的以岩永汪为师团长的第一一六师团兵分三路向常德发起总攻。其动用军力之多,规模之大,远远超过了国民政府军事委员会和战区司令部的预期。

当日,日军第三、十三、三十九师团、第六十八师团的一部及独立第十七旅团向第十集团军长江南岸第一线第九十八师前哨部队发起突袭。第十集团军王敬久总司令判明日军主攻方向为暖水街、王家畈一带,立即命令第七十九军及第六十六军迎击当面之日军。

11 月 3 日,沿江守军全线转入激战,第七十九军于街河市都发现日军主力部队,并与当面日军交火。

11 月 7 日,守军第一线兵团两个集团军已在王家畈—暖水街—红庙一线集结,以第七十四军为主的第二线兵团则抢占桃源等要点。日军渡江集结完毕后立即向中国军队展开全线进攻。日军第三十九师团兵分多路,第四十四军被迫展开阵线,抗击来犯日军。

第二十九集团军防线在日军强大兵力的夹击下立遭突破。孙连仲紧急电令第二十九集团军放弃滨湖区,撤守石门至澧县间之澧水一线。

日军以两个完整师团集中攻于石门一隅,守军第七十三军抵挡不住,防线被日军冲决。14 日,日军对石门发动总攻,并截断第七十三军退路。汪之斌军长率部渡过澧水撤出石门,留下暂五师死守石门,掩护全军渡河,暂五师全师官兵奋力拼杀,战斗中彭士量师长壮烈牺牲,全师伤亡殆尽,石门失守。

石门失守后,日军以第三师团为主力,横渡澧水,直扑第二十九集团军侧翼。第二十九集团军为避免被打散，不得不弃守澧水门户，日军乘此长驱直入。

此时，担负攻城任务的日军第一一六师团由陆路协同第三师团打开出路，立即渡过洞庭湖。日军各部主力则齐头并进，直取慈利，慈利迅即失守。第十三师团继续南进，第六十八师团也相继渡过三仙湖，在常德东南的汉寿登岸。第三十九师团则掩护南路攻击部队。第一一六师团由澧县渡过澧水，向常德奔袭。

强渡澧水后，日军第十一军甩开北面的第十集团军，猛烈攻击守军第四十四军，希望在第一〇〇军与第七十四军赶到之前越过沅江，一鼓作气攻克常德。

21日傍晚，日军对桃源进行猛烈轰炸，随后空投近一个中队的伞兵，并辅以一个步骑混成的旅团向桃源突进，驻防桃源的第四十四军独立团力战不支后撤。于是第三师团主力与第一一六师团第一〇九联队猛扑陬市。

守备陬市的第一五〇师许国璋师长率部拼死抵抗，但终因寡不敌众，几近全军覆没，许国璋师长饮弹自尽，以身殉国。

桃源失守后，第一〇〇军先头师第十九师赶到黄石与日军第三师团鏖战。第六十三师主力此时也正向桃源奔袭，先头部队第一八九团在行军中遭日军正面冲击，陶绍堂团长仓促应战，在与敌混战中不幸阵亡，副团长高鸿恩也同时战死。

11月21日，日军第三师团及第一一六师团占据桃源，第十三师团占据慈利；第六十八师团则于22日攻陷汉寿。至此，日军主攻的4个师团已对常德形成合围之势。

11月22日，日军主力正面与第七十四军前锋接战，第七十四军士气高昂，在临时筑成的阵地中与日军第三师团及第十三师团展开对战。第五十一师师长周志道率部于明月山阵地拼死奋战，以争取整个部队的集结时间，阵地失而复得达5次之多。战斗中，第一五一团第二营营长张集光殉职。

第五十七师于11月3日起即进入常德阵地，师长余程万凭借坚固防御工事以及强大火力配置构筑据点，准备与攻城日军在此决一死战。孙连仲急调第六十三师第一八八团留守德山，与第五十七师形成犄角。

11月18日，日军第一一六师团与第六十八师团逼近常德，第九战区守军九十九军、四十四军与七十四军布阵，与常德守军遥相呼应。

11月22日，日军第十一军主力向常德发起总攻，在汉寿登陆的日军第六十八师团负责掩护，抵御中方援军。日军第三师团与第十三师团在慈利、桃源方面截阻王耀武集团第二线兵团，日军第三十九师团、独十七旅团则在后方抵挡第十集团军攻势，并掩护第十一军撤退，此时日军已兵临常德城下。

守军第一〇〇军第六十三师第一八八团在会战之初奉孙连仲命令，抢占德山阵地，与第五十七师形成掎角之势。常德攻城战一经展开，横山勇所率日军便全力进击驻守德山的第一八八团，经昼夜战斗，德山阵地失守，第五十七师退路被截，与外界交通联络中断。

11月24日，争夺常德外围阵地的战斗即全线展开。日军第一一六师团对常德城防展开主攻，山本三男师团长初期以传统步炮协同攻城，以炮兵支持混成步兵联队正面进攻，并派敢死队集中突破。在城厢阵地，守军多与日军开展肉搏。日军第一一六师团先以强大的炮兵轰炸第五十七师据点工事，随后步兵突入。第五十七师各团营长则亲率所部与敌拼杀，在城巷以手榴弹与火攻遏阻来犯日军，并以近战肉搏将攻入城中的日军敢死队截断歼灭。

11 月 25 日，日军再调第一二〇联队进攻第一六九团，守军从容应战，待日军逼近时以强大的火力向日军扫射，冲在前面的日军第三大队大队长葛野立遭击毙，敢死队死伤枕藉，仓皇溃退。

在常德被完全包围之后，中方第十集团军、第二十九集团军以及王耀武集团两个军均以全力阻击日军，一时难解常德之围。此时能否及时支援常德成为此役的关键。

军事委员会鉴于常德方面军情告急，急令第九战区派兵北援。然而，第九战区并未动用最接近常德的第九十九军，反而令第十军自长沙驰援常德。薛岳此番决定，意在提防日军借此转攻第九战区。由于第六战区形势混乱，第十军推进速度缓慢，至 26 日才穿越战区分界，开始与在汉寿登陆的日军第六十八师团交火。

11 月 25 日，日军倾力于常德的攻城战。第六战区第一线兵团的当面之日军以守势拒止守军应援。孙连仲决定将第六战区第一线兵团各部完全转入攻势，全力击破日军第三十九师团与第十三师团的阻击阵线，将日军主力压制于常德城郊，以此来缓解常德守军的压力。

同日，日军第十一军投入第一一六师团全部，第三师团三个联队展开攻城战。第一一六师团以第一三三联队为前锋再次进攻常德，守军各式火炮炮弹已经消耗殆尽，只能以轻武器应战。日军仍以步炮混成兵力编成敢死队，向守军阵地猛烈攻击，欲以绝对优势兵力突破第五十七师防线。第一六九团首当其冲，营长郭章嘉率队与敌拼杀，壮烈牺牲，第一七〇团营长酆鸿均在城垣死守不退，在与敌近战中阵亡。遭到日军猛烈炮火攻击的守军被迫退入城中，与敌展开巷战。经过拼死抗击，守军将从北门侵入的日军第一三三联队击退。横山勇见攻势受挫，决定调集第三航空师团主力空援，向常德城中滥投燃烧弹，常德城陷入一片火海。日军在大举空袭之后，第一一六师团乘机全力突进，却反遭守军重创。

日军第三师团第六联队野炮大队强渡沅江，凭借强大火力突入城垣。第一六九团第一营董庆霞营副见防线被突破，率部向城垣发起冲锋，用刺刀将日军逐出城垣，夺回阵地。董庆霞则在白刃战中壮烈牺牲。

孙连仲深知常德是整个会战的关键所在，绝对不能有失。他在 25 日电谕第五十七师余程万师长，告知奉命驰援第十军已向常德靠近，26 日即可进抵德山。得知援军已近，第五十七师官兵士气更加高昂。余程万师长回电："职师四面受敌，血战七昼夜，虽伤亡惨重，将所有杂兵编入战斗，但士气旺盛，全体官兵谨遵钧座意旨，咸抱决心，愿与常城共存亡！"

在日军第一一六师团与第三师团围攻常德的同时，第七十四军及第一〇〇军已与日军第十三师团激战一周，但是与常德间之联络已告中断。此时王耀武副总司令下令第一〇〇军掩护第七十四军猛力向黄石市推进，并饬令各师组织加强营附无线电一班，向常德突进，务必取得与常德守军联系。

为尽快攻克常德城，横山勇下令"烧毁常德市街，迅速取得战果"，所部日军集结各式火炮并调集空中力量对常德城狂轰滥炸。在日军强大火力攻击下，顽强的第五十七师依然逐屋逐巷，顽强抵抗。28 日，第五十七师官兵伤亡几近殆尽，常德警察亦编入部队参加守城战斗。

11 月 29 日，蒋介石自开罗谕令第六、第九两战区司令长官部迅即增援常德。方先觉军长接获蒋介石口谕已距期限不到半日，立刻展开空前攻势。在第十军全力进攻之际，日军第三师团主力被中方预十师冲退，山本三男师团长因此误判预十师为第十军主力，于是立刻重整反扑，与预十师展开激战，预十师立足未稳，被日军第三师团冲击后伤亡甚大，师长孙明谨阵亡，全师溃散。因日军的判断失误，反而敞开了通向德山方向的大门，第三师周庆祥师长率部百里奔袭，仅用一昼夜，抵达德山。

12月1日，孙连仲电告余程万第十军已达德山，可速与之联络。余程万立遣其副师长前往，但无功而返。

此时，第五十七师坚守的最后阵地宽不及三百米。当最后时刻已经来到，余程万向孙连仲发出最后文电："弹尽，援绝，人无，城已破。职率副师长、指挥官、师附、政治部主任、参谋主任等固守中央银行，各团长划分区域，扼守一屋，作最后抵抗，誓死为止，并祝胜利。第七十四军万岁！"[1]

12月3日2时，援军仍未到来，望眼欲穿的余程万深感大势已去，决定留下第一六九团残部与第一七一团残部共百余人留守阵地，自己率所属百余人乘夜色向德山突围。

12月3日凌晨，日军集中火力攻击双忠巷最后阵地。柴意新团长率残部以刀矛棍石向日军奋然发起冲锋，不幸中弹牺牲，随从百余官兵伤亡殆尽。

经过16昼夜的血战，12月3日晨，常德被日军占领，五十七师的八千"虎贲"也牺牲殆尽。

常德攻陷后，横山勇认为打击中国军队的目的已经达到，并以"这次作战损失不小已很疲劳"为由，决定下令撤出常德。

突围后余程万向上级陈述了常德战况以及突围因由，但未获谅解。军长王耀武命令其协助友军反攻常德。余程万师长率残部八十余人随新十一师进攻常德，此时常德已是一座空城，新十一师兵不血刃列队开进常德。

在湖南战场上渡河的日军。〔牧野喜久郎主编：《一亿人的昭和史》，第132页〕

---

〔1〕《第六战区常德会战文电》，中国第二历史档案馆馆藏档案七八七。

1

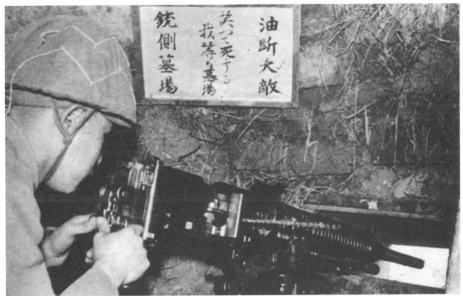

2

3

1 日军攻击常德。〔牧野喜久男编：《日本的战史（6）·日中战争（4）·宜昌、长沙攻略，平汉－粤汉线打通作战》，第176页〕

2 在常德作战的日军重机枪。〔牧野喜久男编：《日本的战史（6）·日中战争（4）·宜昌、长沙攻略，平汉－粤汉线打通作战》，第177页〕

3 日军进攻常德市区。〔牧野喜久男编：《日本的战史（6）·日中战争（4）·宜昌、长沙攻略，平汉－粤汉线打通作战》，第176页〕

1 常德战役被日军俘虏的中国战俘。〔牧野喜久男编：《日本的战史（6）·日中战争（4）·宜昌、长沙攻略，平汉－粤汉线打通作战》，第 177 页〕

2 日军在常德制作攻击美军的宣传画。〔牧野喜久男编：《日本的战史（6）·日中战争（4）·宜昌、长沙攻略，平汉－粤汉线打通作战》，第 176 页〕

3 中国军队加紧增援常德。〔曹聚仁、舒宗侨编著：《中国抗战画史》（下），第 609 页〕

1

2

3

常德西门守军阻击日军进攻。〔中国第二历史档案馆编:《中华民国历史图影档案》,第830页〕

■2 中国守军将领在常德前线指挥作战。〔中国第二历史档案馆编:《中华民国历史图影档案》,第830页〕

■3 中国士兵冒着日军炮火冲锋。〔中国第二历史档案馆编:《中华民国历史图影档案》,第830页〕

1

2

3

4

1 常德魁星楼上的中国守军的机枪阵地。〔曹聚仁、舒宗侨编著：《中国抗战画史》（下），第611页〕

2 中国军队乘船渡河进攻。〔曹聚仁、舒宗侨编著：《中国抗战画史》（下），第609页〕

3 常德战场日军尸体。〔曹聚仁、舒宗侨编著：《中国抗战画史》（下），第609页〕

4 中方审讯日军战俘。〔曹聚仁、舒宗侨编著：《中国抗战画史》（下），第612页〕

1

2

3

1 常德战场被中方俘虏的日军。〔中国第二历史档案馆编：《中华民国历史图影档案》，第 830 页〕

2 中国军队在收复后的常德街道上行军。〔中国第二历史档案馆编：《中华民国历史图影档案》，第 830 页〕

3 常德大捷后，市政府放赈救济难民。〔曹聚仁、舒宗侨编著：《中国抗战画史》（下），第 613 页〕

二、停止反攻

日军大本营在常德作战之初，计划"作战目的一经完成即恢复原态势"，但随着战局的演变，日军大本营与中国派遣军司令部为实现打通中国大陆交通线，确保南方交通，联络印支日军以及摧毁美军驻华空军基地的战略目标，必须确保常德这一重要军事要点的继续占领，遂命令第十一军停止撤退，重新夺回常德。

眼见中方已对第十一军采取合围态势，第十一军将有被围歼之虞，横山勇以"由于兵力所限及其他原因，对确保常德缺乏信心"，要求"取消此次作战，待明年再进行常德作战"，并电促中国派遣军司令部"目前态势不宜长期保持"，望派遣军司令部火速下达撤退指示。畑俊六经研究第十一军所处困境后同意了横山勇放弃常德的请求，但拒绝"恢复原态势"，并命令第十一军停留在澧水附近山区待命。横山勇再次致电畑俊六继续抗争，"如果长期停留在目前战线上，将不利于保持今后作战的机动兵力"。鉴于第十一军伤亡惨重，畑俊六最后同意了横山勇的撤退请求。

但是 12 日，大本营又再次电令派遣军总部，要求确保常德，于是派遣军总部立即命令第十一军停止撤退，重新夺回常德。横山勇继续以部队已极度疲惫为由，抗令不从。12 月 16 日，畑俊六派总参谋长松井太久郎飞往前线阵地实地调查，回到南京后，松井太久郎向畑俊六报告说：此次常德作战，"中国之防备坚固，部队损害亦多"，日方参战"兵力 5 万，约有 1 万之减员，故有恢复战力之必要"。有鉴于此，中国派遣军总部和大本营才放弃重新攻占常德的决定。12 月 18 日，畑俊六下令："第十一军自今日起，选择适当时机，从澧水附近现在战线撤离，恢复原态势。"

接到撤离命令的日军第十一军立即向战前阵地退兵。随后，中国军队第十八军、第七十九军、第四十四军乘势追击，加之中美空军协同地面部队对撤退中的日军轰炸扫射，给予日军打击，但日军仅付出少量的伤亡代价就从澧水一线有序地撤退至松滋河畔。

至 12 月 25 日，中国军队全部收复了失去的阵地，恢复了战前的态势。至此，常德会战宣告结束。

常德会战是抗日战争中大规模的会战之一，在整个抗日战争乃至第二次世界大战中都具有一定历史地位。此役，正值开罗会议举行中，举世瞩目中国战况，常德会战被盟国喻为中国的"斯大林格勒保卫战"。

■1 结束战斗后的常德市郊。〔牧野喜久男编：《日本的战史（6）·日中战争（4）·宜昌、长沙攻略，平汉－粤汉线打通作战》，第177页〕

■2 日军疲惫撤退。〔南京民间抗战博物馆馆藏日方报刊战地照片〕

■3 日军携伤兵撤退。〔南京民间抗战博物馆馆藏日方报刊战地照片〕

1

2

3

1 日军祈祷平安回家。
〔南京民间抗战博物馆馆藏
日方报刊战地照片〕

2 中国军队收复常德城。
〔周勇等编著：《重庆图书
馆馆藏珍贵抗战图片集》，
第184页〕

3 矗立南岳之中国抗战
"忠烈祠"。〔曹聚仁、舒
宗侨编著：《中国抗战画史》
（下），第629页〕

第五章

一号作战

1943 年 5 月，在美军的强大攻势下，日军在太平洋防线已经几经后撤，到 1943 年秋，日军防线已后撤至千岛群岛、小笠原群岛、内南洋（中、西部）群岛及西部新几内亚、缅甸一线。日本大本营认为已退无可退，就此设立所谓的"绝对国防圈"。

日本政府设定"绝对国防圈"，就是为保障日本本土安全，与维持战争资源供应所需的最小控制空间。日军大本营认为，在太平洋中，日本最少要据守千岛群岛、马里亚纳群岛、印尼群岛；在亚洲陆地上，日军则要控制中国的平汉、粤汉铁路，及中南半岛，并延伸到缅甸与印度东部。这个建立"绝对国防圈"的战略目标是日本准备不惜血本要去争取实现的。日本政府以及军方高层为此设计了一个战略构想，即在不得已时，日本的战略决战主要地区将从日本本土转移至亚洲大陆，这样就可充分利用掌控的足够宽广的战略空间，以及较多的战争资源来与盟军作最后决战。

但到 1943 年底，美军已突破日军的"绝对国防圈"，切断了南洋日军与其本土的联系，致使南洋一带的 50 万日军陷入孤立无援之绝境。与此同时，中美军队则由印度向缅北反攻。

日本大本营为了使南洋守军与中国派遣军建立直接联系，保持亚太战场之整体性，摆脱被动并扭转战局，决心不惜血本，孤注一掷，准备动用中国派遣军主力，开展一次空前规模的攻势。

1944 年 1 月初，日军大本营制定了《指导一号作战的基本方针》，确定了"一号作战"的战略目标。在接到大本营的命令后，派遣军司令部研拟了一个由北而南的全面攻势作战计划，该计划的战略构想是：突破中国军队的防线，沿平汉、粤汉、湘桂铁路线向前推进，彻底打通中国大陆通往东南亚半岛的交通线。此次作战，日方称之为"一号作战"。其所期达到的战略目的：第一，攻击并摧毁美军在中国西南地区遂川、衡阳、桂林、柳州、南宁等地的空军基地，以防止美国空军袭击日本本土，保证日本本土及交通线的安全，支持日军在中国战场的作战。第二，打通亚洲大陆的陆上交通线，铺设一条纵贯中国大陆南北，并连接东南亚的日本—朝鲜—中国东北—中国华北—中国华中—中国华南—越南—泰国—新加坡的陆上交通线，恢复同东南亚日本守军的联系，在必要时，将关东军、中国派遣军以及南方军连成一体，利用亚洲大陆的战略空间进行决战。第三，通过对中国军队的全力打击，摧毁重庆国民政府的抗战力与抗战意志。由于担心设在广西桂林的美空军基地对日本本土发动空袭，因此日本当局将桂林作为此次作战的最重要目标，并由北而南打通平汉线、粤汉线、湘桂线的铁路交通。

1944 年 1 月 13 日，日军大本营经御前会议审定并通过了这个决定日本"大东亚圣战"命运的作战计划。该计划的纲要是：将从日本本土再增加兵力的投入，关东军与南方军则尽量提供支持。第一期作战，是先由华北方面军发动攻击，打通平汉铁路，同时歼灭中国军队在河南的主力。第二期作战再由驻武汉的日本第十一军，发动进攻衡阳作战，彻底击溃第九战区的主力。第三期是成立第六方面军，负责打通粤汉铁路的作战，与华南的第二十三军配合，发动由广州北上、与十一军的会师行动。第四期作战，则在打通粤汉铁路之后，再出兵攻占广西与越南的通路。"一号作战"计划的战略重点目标，是摧毁中美空军在江西、湖南以及广西所有的中美空军基地。

对于日军的"一号作战"战略意图，中方军事委员会方面有一个逐步认知的过程。1944年2月下旬，军令部获悉日军增兵抢修平汉路黄河铁桥，并侦悉日军由长江下游武汉、鄂西等处调动，判断日军有打通平汉线的企图，但没有予以足够的重视。至3月中旬，日军调动愈加频繁，蒋介石判断，日军必定是为打通平汉线作准备，乃指示在河南布防的第一战区作好应战准备。军令部亦据此拟具作战指导方案下达给第一战区。3月21日，军令部根据日军调动情况，提出要防止日军出于防空或交通上的考虑，有打通粤汉线，占领衡阳的企图。3月下旬，军令部根据日军由平汉路由北向南结集大量兵力于豫北，判断日军有在此发动大规模作战的可能。4月上旬，军令部得到情报，日军准备打通"大东亚铁路线"，为将来从东南亚以及中国大陆撤退作准备。实际上，此时"一号作战"日军攻势在即。军令部将注意力集中于日军对粤汉线作战的企图，但疏忽了日军首先打通平汉线的作战计划。显然对日军之强大攻势认识出现了偏差。

一、平汉作战

1944 年初，当第一战区司令长官部发现豫东北的日军大量集结并修复黄河铁桥时，判断日军有南进的可能，遂以汤恩伯所部的 4 个集团军沿黄河南岸部署防御，准备迎击沿平汉路南犯的日军。第一战区其他 4 个集团军由战区直接指挥，沿黄河南岸设防。

4 月 17 日夜，日军首先从三王、中牟、傅庄强渡新黄河，守军暂二十七师奋起应战。战至 18 日凌晨，守军阵地被突破，暂二十七师被迫南撤。此时日军混成第七旅团强渡黄河，占领界马，并沿新黄河西岸向泛东地区进攻，第三十七师团则分路向郑州、新郑、洧川、尉氏进攻。担任郑州挺进队的日军第二十二联队先遣第一大队，于 19 日拂晓以急行军秘密进至郑州车站，占领了郑州北门附近城墙一隅。日军第三十七师团主力及混成第七旅团亦于 19 日晚进至尉氏以北与驻防守军展开激战，守军不敌，向南退却。

另一方面，日军第十二军主力于 18 日夜利用夜色掩护，并乘守军注意力集中于中牟方面之机，逐次经黄河铁桥潜至南岸邙山头桥头堡阵地。4 月 19 日，在强大炮火掩护下，日军向邙山头西侧高地上的汉王城据点发动猛攻。守军预十一师一个营奋起抗击，激战至中午，阵地完全被摧毁，营长王鑫昌及所率领的 300 余人全部壮烈牺牲。守军第八十五军当即令预十一师控制的预备队第三十三团向汉王城反击，同时令工兵营增援摩旗岭，但由于日军后续部队的跟进，守军伤亡惨重，摩旗岭高地于当夜失守。

4 月 20 日，守军第八十五军奉令向塔山、万山地区撤退，位于平汉、陇海两线交叉地的重镇郑州失守。至 22 日，新郑、尉氏、洧川、荥阳、广武等地相继被日军占领。日军分由北、东两面向密县进攻，于 24 日占领密县，并继续向登封推进。25 日，虎牢关被攻占。

4 月 27 日，日军部署进攻许昌，第一战区组织反击，汤恩伯"以第二十九军全部以及第十三军两师击灭密县之敌"，虽然迟滞了日军进攻，但并没能挫败日军第十二军主力围攻许昌的图谋。

4 月 30 日拂晓，日军在炮兵、航空兵火力支援下开始向许昌城发起强攻。守军新二十九师依托工事顽强抗击，经过激战，日军由许昌城西和城南突入城内。双方展开巷战肉搏，新二十九师团以下军官伤亡达三分之二以上，于当夜向城东北突围，师长吕公良亦在突围时阵亡，残部逐次向叶县方向撤退，许昌城陷落。

冈村宁次认为：当时在重庆军当中，第八战区的第一军和第一战区的第十三军各是该战区中的精锐核心兵团。重庆军的特点之一，是核心兵团一旦被打垮，全军就会支离破碎，因此打垮第十三军，就等于打垮汤军。当得知汤恩伯所部的第十三军正在登封地区作战，冈村宁次认为这是围歼第十三军的绝佳机会，于是向日军第十二军下达"围歼第十三军"的命令。接到命令的日军第十二军，不等攻下许昌，就于 4 月 30 日向登封转进，寻歼第十三军。

日军在攻占许昌后，于5月1日夜由许昌继续南犯，5月4日禹县失守。5日下午攻占漯河和郾城。武汉地区日军第十一军根据中国派遣军的命令，在日军占领许昌时，派独立步兵第十一旅团于5月1日夜由信阳北上，占领确山，打通平汉路南段。当日军第十二军南进时，日军第十三军奉命派第六十五师团主力于4月25日开始从安徽凤台、正阳关向颍上、阜阳进攻，以策应第十二军的作战。8日，日军占领遂平。至此，平汉路也被日军打通。

日军第十二军主力于5月2日开始向登封转进，准备围歼汤恩伯第十三军。

5月3日，日军战车第三师团突抵郏县，汤恩伯急令第八十五军迅速增援临汝，协同四十七师守备城防。与此同时，守军第三十八军向已拥入至方家岭附近的日第一一〇师团进攻。但此时守军尚未部署完毕，日军已于5月4日突进至登封西北，切断了登封与偃师的交通线，中方第四集团军巩县以东阵地的侧背亦因之完全暴露。日军于当日占领临汝，守军向临汝以南溃退。日军继续西进，当晚即进抵伊川以东附近渡河，切断了第三十一集团军的后方联络线。日军机动步兵一部，突进至洛阳南方的龙门附近，形势急转直下。至此，守军第九军与第十三军已被日军分割，而第九军更陷于日军包围之中。5月5日，第九军突围，向颍阳镇撤退，途中遭日军截击而溃散，伤亡惨重。

为了策应日军第十二军作战，冈村宁次命令日军第一军派第六十九师团于5月9日夜由垣曲渡黄河攻略渑池，以阻止第八战区增援。为加强进攻洛阳方面的力量，冈村宁次还急调防守北平的第六十三师团师赶至郑州，并调集"菊兵团"参加洛阳攻城战。

5月10日，日军华北方面军下达命令："第十二军应以一部兵力歼灭临汝西南和嵩县方面的重庆军，同时以主力迅速向宜阳、新安方面挺进，进入洛阳西北方。"

遵照华北方面军的命令，日军第六十九师团于5月9日夜强渡黄河，担任河防的守军稍战即退，日军于11日攻占英豪、渑池，守军新八军亦稍一接触即行南撤，日军切断了陇海路的交通，致使洛阳守军陷于孤立无援之境。5月12日，日军占领嵩县，切断了汤恩伯兵团与各军间的联络。13日，日战车第三师团一部击败刘戡兵团的暂四军，攻占磁涧。第四十七军亦放弃新安南退，向洛宁撤退。日军紧紧追击，攻城掠地，14日占宜阳，15日据韩城，17日陷洛宁，20日再夺卢氏。第一战区各部队均退至闵乡附近地区，战区司令长官部也随之移至闵乡东南的官庄。此时汤恩伯兵团早已溃退至伏牛山地区，洛阳已成孤城。

此时，守卫洛阳的中方军队有第十五军及第九十四师共7个团的兵力。日军在第十二军及第一军追击第一战区各部期间，对洛阳采取了包围态势，第十二军在洛阳周围的部队和炮兵等，凡不参加洛河追击的部队，尽数配属给"菊兵团"，负责攻城任务。

5月17日，"菊兵团"各部队全部到达洛阳周围。兵团长野副昌德18日下达进攻洛阳命令。当天，除洛阳城北邙岭区第六十五师防守阵地外，其余三面日军均已迫近城垣。守军殊死抵抗，日军组织的多次进攻均被击退，激战终日，终无进展。21日至23日，日军先后攻占邙岭区内等各要点，守军被迫向城中退却。

5月24日，在航空兵、炮兵以及坦克支援下，日军对城垣发起猛攻。经过激战，日军战车第三师团及其机动步兵突破城西北角。第十五军军长武庭麟下令各部队各自夺路突围。至黄昏，守军大部撤出，未能撤离的守军官兵仍进行逐屋争夺，彻夜激战，至25日上午，日军完全占领洛阳。

平汉作战，日军仅用30余天即打通了平汉路南段，并占领了沿线各要点及古城洛阳，击溃了第一战区的主力，达到了战役的目的。

此役守军失城 38 座，河南大部沦陷，第一战区的守军遭受前所未有的重创，伤亡官佐817 员、士兵 18327 人，第三十六集团军总司令李家钰在撤退中殉国。日军仅伤亡 4000 余人。

河南人民对此深恶痛绝，省参议会派代表赴重庆请愿，控诉汤恩伯集团"官比兵跑得快，兵比日本人跑得快"的恶劣行为。守军在此役的惨败，完全是汤恩伯"将失军心、军失民心"的结果。第一战区在战役结束后所作《会战之检讨》中说："此次中原会战，挫师失地，罪戾难辞。"此役结束，第一战区司令长官蒋鼎文和副司令长官汤恩伯均被撤职。

　　一号作战开始前，蒋介石、宋美龄在重庆宴请盟国友人。〔平塚柾绪编著：《日中战争·日、米、中报道记录》，第 191 页〕

　　郑州黄河大桥。〔曹聚仁、舒宗侨编著：《中国抗战画史》（下），第 631 页〕

1 防守河南的中方苏鲁皖豫边区总司令汤恩伯。〔中国第二历史档案馆编:《中华民国历史图影档案》,第850页〕

2 日本中国派遣军总司令畑俊六大将。〔平塚柾绪编著:《日中战争·日、米、中报道记录》,第188页〕

3 畑俊六大将在战地指挥。〔平塚柾绪编著:《日中战争·日、米、中报道记录》,第182页〕

1 向许昌进军的日军部队。〔《未公开的写真·大东亚战争》，第93页〕

2 美空军第十四航空队为阻滞日军进攻轰炸黄河大桥。〔中国第二历史档案馆编：《中华民国历史图影档案》，第850页〕

3 日军在洛阳前线侦察中方阵地。〔平塚柾绪编著：《日中战争·日、米、中报道记录》，第182页〕

1

2

3

4

1 日军汤口部队进攻河南中牟。〔牧野喜久男编：《日本的战史（6）·日中战争（4）·宜昌、长沙攻略，平汉－粤汉线打通作战》，第92页〕

2 在炮兵掩护下进攻洛阳的日军坦克。〔平塚柾绪编著：《日中战争·日、米、中报道记录》，第182页〕

3 日军坦克掩护步兵向中方阵地进攻。〔平塚柾绪编著：《日中战争·日、米、中报道记录》，第182页〕

4 日军渡河攻击郑州。〔牧野喜久男编：《日本的战史（6）·日中战争（4）·宜昌、长沙攻略，平汉－粤汉线打通作战》，第92页〕

1

2

3

1 行进在南阳韦山附近的日军楠濑部队。〔牧野喜久男编:《日本的战史(6)·日中战争(4)·宜昌、长沙攻略,平汉-粤汉线打通作战》,第99页〕

2 日军作战行军中。〔牧野喜久男编:《日本的战史(6)·日中战争(4)·宜昌、长沙攻略,平汉-粤汉线打通作战》,第99页〕

3 攻击郑州的日军机枪阵地。〔牧野喜久男编:《日本的战史(6)·日中战争(4)·宜昌、长沙攻略,平汉-粤汉线打通作战》,第93页〕

1

2

3

■1 日军片冈部队运输队。〔牧野喜久男编：《日本的战史（6）·日中战争（4）·宜昌、长沙攻略，平汉－粤汉线打通作战》，第99页〕

■2 河南上蔡附近日军战车队。〔牧野喜久男编：《日本的战史（6）·日中战争（4）·宜昌、长沙攻略，平汉－粤汉线打通作战》，第99页〕

■3 日军在河南作战。〔牧野喜久男编：《日本的战史（6）·日中战争（4）·宜昌、长沙攻略，平汉－粤汉线打通作战》，第98页〕

二、激战衡阳

日本华北方面军在河南战场获得大胜之后，日军"一号作战"的重心随即转向湖南。第十二军主力按原计划南下配属武汉方面第十一军指挥，又开始了"长衡作战"。日本中国派遣军司令畑俊六大将由南京亲赴武汉坐镇指挥，部署湖南作战。本来日军华中第十一军拥有兵力 36.2 万余人，是日本中国派遣军中实力最强的一支部队，但为了确保此战必胜，日军又增援了 10 万余兵力，发动了自称为七七事变以来最大的一次军事行动。其作战规模堪比 1904 年日俄战争。为此，日方特别选择了 1905 年日军获胜的纪念日——5 月 26 日作为发动进攻的日期，企图重演历史。

受命指挥日军作战的第十一军军长横山勇，也深知这场战役事关"一号作战"全局成败，对于此次进攻长沙，已作了万全的准备，因为过去日军曾数战长沙，最终未能占领长沙，还因此而成就了第九战区司令长官薛岳"长沙之虎"的美誉，横山勇对此深恨不已，始终耿耿于怀。所以此次日军进攻长衡，志在必得。

日本大本营与中国派遣军司令部对于湖南之战给予了全力的支持，使得横山勇可以指挥的兵力达 8 个师团及一个旅团之多。横山勇在详细检讨过去长沙作战的得失之后，拟订出一份全面攻击第九战区的作战计划，动员的总兵力超过 8 个师团，作战纵深将延伸到衡阳。日军在兵力的优势以及作战计划的规划上，远远超越了薛岳过去防御长沙的"天炉作战"之架构。

日军第十一军的作战计划是，利用 5 个师团，作为第一线兵力，3 个师团为第二线机动兵力，进行全方位的南攻。由于横山勇掌控绝对充裕的作战兵力，因此决定在包围长沙的同时，以六十八和一一六师团绕过长沙，对衡阳进行长距离的奔袭，企图乘守军全力在长沙作战之时，出其不意地一举攻占衡阳。

与日军第十一军形成鲜明反差的是第九战区在兵力动员以及作战布防上的准备不足。薛岳以为日军兵力因抽调太平洋和东南亚战场，在中国大陆力量薄弱，加之时值雨季，气候和湖南的地形不利于机械化部队作战，日军不可能在此时对长沙进行更大规模的作战。

1944 年 5 月 26 日，日军动用约 15 万人兵力分三路大举南下，右翼渡洞庭湖直趋沅江、益阳；左翼从通城分趋平江、渣津；中央沿粤汉路向汨罗江推进。号称在东西约 120 公里，纵深约 50 公里的地区展开大规模征战，其来势之凶猛，远远超过薛岳的预料。

日军第十一军精锐第三、十三师团以及二十七师团，从东线先行攻击，直插平江，再突进浏阳，直扑薛岳预控的反击部队基地。在中路的日军第六八与一一六师团，分成 6 路强渡新墙河，第三四与五八师团随后跟进，以压倒性的优势兵力，连续击破守军的层层防线，直扑长沙。第四十师团与第五、第十七旅团，渡过洞庭湖，沿湘江的西岸，进攻长沙的西侧。

日军的全面攻势，致守军在湖南各处阵地均遭到日军猛烈的攻击，薛岳在长沙东南所部署的反击部队，更是陷入日军的多重包围之中，"天炉战法"在日军猛烈冲击下完全失去其功效。

5月28日，中方军事委员会电令第九战区司令长官薛岳准备在长沙、浏阳之间与敌决战。由于对日军的强大攻势估计不足，军事委员除开始从第六战区抽调一个师增援外，没有从其他战区调集兵力。薛岳请求蒋介石立即从周边战区抽调兵力增援，而蒋介石还是坚持第九战区以现有兵力应战。直至战役向纵深发展，才感到日军来势凶猛，仅以第九战区现有兵力难以抵御日军强大攻势，这才陆续从周边战区抽调兵力参战。

日军一反过去孤军深入的做法，以战斗力最强的精锐兵团部署于两翼，致使薛岳的外侧作战难收成效。日军使用优势的第二线兵团保持纵深阵势，对战略要点实施重点突破。守军总体参战兵力虽超过日军，但布防战线过长，在要点的防守上，兵力反显劣势。

由于外侧作战失利，致使沿湘江两岸南下的日军快速进逼长沙。日军以两个师团约3万余人对长沙围攻，而薛岳仅以第四军守备，战斗兵员不过1万余人，敌我双方兵力对比悬殊。

岳麓山位于湘江西侧，与长沙城隔江相对。其战略地位极其重要，岳麓山居高临下，俯瞰长沙城，为长沙防守之关键。但守备岳麓山的第九师投入作战兵力不过三千人，而防区竟达50里之广，一经交战，立显捉襟见肘。待到岳麓山战况告急，军长张德能临时从长沙城抽调兵力增援岳麓山，由于在战斗激烈之时仓促调动，渡江船只准备不足，反致阵脚自乱，军心涣散。日军一举攻占岳麓山的长沙炮兵制高点，此时外围援军遭日军主力猛攻而自顾不暇，6月18日，在日军强大攻势下长沙沦陷，军长张德能率残部突围。为儆效尤，蒋介石下令枪决了张德能，但是此举已无法挽回湖南溃败局面的蔓延。此时薛岳所指挥第九战区各主力部队，只能向江西方向溃退，日军则向其纵深目标衡阳长驱直入。湘北战役以守军惨败而告落幕。

6月下旬，随着长沙的沦陷，湖南会战进入第二阶段。此阶段日军的战略构想是：为了下一步攻取桂林、柳州，要尽量歼灭中国军队。为此，须设法引诱中国军队采取攻势，并将进攻目标锁定在军事重镇衡阳。

衡阳地处粤汉与湘桂铁路交汇处，是进入桂、黔、川、滇四省的门户，湘江纵贯长沙与衡阳之间，是南北交通之咽喉要道，战略地位极其重要。日军估计进攻衡阳时，中国军队将会全力展开攻击。因此日军计划在攻取衡阳的同时，以主力搜索围歼对日军侧攻和前来增援的中国军队，力图击溃第九战区主力。

第九战区为扭转战局，拟具于衡阳与日军决战的计划，并向衡阳周围调集兵力。蒋介石急派副参谋总长白崇禧前往桂林，协调指挥衡阳作战。

豫中会战与长沙会战中国军队作战能力和作战意志遭到国内外舆论的鞑伐，蒋介石遭受的舆论压力空前。罗斯福在致蒋介石的信中道："我决定给史迪威晋升为上将军衔，并希望你赶紧考虑把史迪威从缅甸召到中国，使他在你的直接指挥下统帅所有中国军队和美国部队，让他全面负责，有权协调和指挥作战行动，阻止日军的进攻浪潮。我认为中国的情况非常严重，如果不立即采取果断而适当的措施，我们的共同事业就会遭到严重的挫折。"蒋介石对此深感耻辱。在之后的整军会议上，蒋介石对出席军委会各部会主官"声色俱厉，数数击案如山响"。他说道："自从这次中原会战与长沙会战失败以来，我们国家的地位、军队的荣誉，尤其是我们一般高级军官的荣誉，可以说扫地以尽。外国人已经不把我们军队当作一个军队，不把我们军人当作一个军人！这种精神上的耻辱，较之于日寇占我们的国土，以武力来打击我们，凌辱我们，还要难受！"其激愤之情可见一斑。

在国内外舆论交加贬议的情势下，蒋介石及他的军事将领们认为只有中国军队奋力抵抗日军汹涌如潮的进攻，才能提高国际地位，扭转国际观瞻。

由于长沙城的快速失守，衡阳城池的失与守成为战役成败的关键，也成为国家的国际地位与形象标志，国人抗战信心以及最高统帅颜面之所系。因此衡阳保卫战注定是一场空前恶战。

为了确保衡阳，6月20日，蒋介石电令各兵团从东西两翼夹击日军，阻敌深入。

6月22日，日军抵达衡阳外围，与前来增援的守军发生激战，并迅速突破中国军队的阻击。同时，日军出动飞机开始对衡阳市区轰炸。

6月23日拂晓，日军第六十八师团从泉溪强渡耒水，与据守耒水西岸的守军发起进攻，并以施放毒气进攻拉开了衡阳之战序幕。

6月25日，日军第六十八师团向衡阳机场发动攻击，于26日凌晨占领机场。而西岸的第一一六师团于26日快速移动直逼衡阳西郊，与在此作战的第六十八师团会师。27日，第六十八师团和第一一六师团全部兵力进至衡阳以东、以南、以北之近郊，全面形成了对衡阳城的合围之势。面对数倍于己的日军重重包围，蒋介石向第十军军长方先觉下达了死守衡阳的命令。此时方先觉的第十军所辖的第三、一九○、预十师和炮兵部队及配属的新十九师、暂五十四师，兵力虽不强大，但准备比较充足，修筑了要塞工事，储备了充足的粮弹。

是日下午，日军第六十八师团与第一一六师团在衡阳南、西两侧发动攻击，遭到驻守此地守军的英勇反击。第六十八师团师团长佐久间被守军迫击炮弹击中毙命，参谋长等多名指挥官身受重伤。久战疲惫之日军在守军坚固工事面前竟一筹莫展，进攻张家山高地的一个联队日军仅余一名军官生还。守军也付出了高昂代价。双方反复拉锯，"日军被歼灭甚多，阵前遗尸八百余具"。到7月1日，"围衡之敌，攻势已颓，四出掠粮，炮兵停射，空乏之象毕露"，因此日军不得不停止进攻，等待增援。

经过10天的休整和弹药的补充，日军总指挥横山勇于7月11日下达第二次总攻令。日军在空军两个战队的轰炸机的支援下对市区和西、南两面的山头阵地反复轰炸和扫射，将阵地上的工事、战壕、据点摧毁殆尽，守军通信线路被日机炸毁，只能靠原始的方式传令联络。7月20日，日军得到补充后，向衡阳发起第二阶段猛攻。日军频频使用毒气、燃烧弹。衡阳城内一片火海，但守军依然坚守阵前，敌军举步维艰。此时天公助战，下起瓢泼大雨，日军进攻速度趋缓，整个战事呈现胶着状态，横山勇被迫下令停止第二次攻击。重庆方面频频给衡阳守军打气壮胆，并命令守军各部"加强外围兵力，速解衡阳之围"。蒋介石意识到日军将以持久战，将守军困死城中，故严令"变更衡阳外围援军部署"，"命衡阳援军积极突击"。27日，他又电令方先觉"死守以待外援之接应"。但当他的增援令下达之时，日军已打通长沙至衡阳运输线，大量装备运抵衡阳城外。日军第五十八师团抵达衡阳北门，第四十师团抵达衡阳西北部，第十三师团抵达东门，而炮兵第二联队、独立山炮第五联队、山炮第十九联队等重炮部队也抵达衡阳周围，此时衡阳城已在日军的合围之下。28日，日军发起了第三次总攻。双方在极端恶劣的环境下激战空前。日军第五十七旅团长志摩原吉少将被中国军队击毙，日军在20余天中连换的三任大队长均战死前沿，全大队官兵最后仅侥幸剩下7人。8月2日，横山勇亲临衡阳前线指挥作战，并调集轰炸机3个战队和战斗机两个飞行团参战，日机从 8 月 3 日午夜一直炸到拂晓。在空中和地面火力的掩护下，日军发起多次进攻，但均被第十军将士拒之于阵前。

8 月 5 日，恼羞成怒的横山勇见步兵屡次冲锋受挫，再次命令集中所有炮火和空中力量向守军阵地狂轰滥炸。8 月 6 日，日军第五十八师团终于突破北门，与守军展开巷战，城内守军战至弹药殆尽，与攻入城中的日军进行肉搏，双方均伤亡惨重，守军预七师三十团第一营 450 人战至 20 余人。方先觉向蒋介石急电报告了前线"不忍详述"的惨状和战线危急情形，蒋复电勉其"不成功便成仁"。方先觉电蒋表示"职等誓以一死报党国，勉尽军人天职"。蒋复电："援军明日必到衡阳城，决不延误。"当晚，蒋介石为衡阳战局 3 次下跪向上帝祷告。

此时集结在衡阳外围的中国军队共有 8 个军，总兵力不下 10 万，蒋介石虽严令其增援，副总参谋长白崇禧亲赴桂林督战，但各部仍畏缩不前。仅六十二军奋力突进，战至衡阳南郊及西站，但在日军重兵攻击下，援军孤军作战，损失惨重，很快败归。

临近城破之际，军长方先觉用唯一的电台给蒋介石出最后电文："敌人今晨已由北门冲进来，城内已无可用之弹及可增之兵，危急万分。生等只有一死为国，来生再见。"8 月 7 日，日军各师团纷纷突破守军阵地，杀入城中。双方战至下午 3 时，守军第 3 师周庆祥师长命令其第 9 团在天马山阵地上悬起白旗。方先觉见大势已去，为保全数以万计伤兵和残余士兵的生命，遂率部投降。8 月 8 日，衡阳沦陷。

衡阳保卫战，方先觉率领第十军血战 47 天，战死 4000 余人。日军在衡阳城的进攻作战中，也付出了极其惨重的代价，死伤共 12186 人。

衡阳陷落后，驻桂林的白崇禧急电蒋介石，建议将衡阳周围的第四十六军、第六十二军迅速调往桂林，并请将其他部队大部撤至祁阳、零陵至桂林一线防守。从日军的战略意图分析，日军占领衡阳后，必将迅速西进，直取桂林。蒋介石接电后，立即让军令部加以研讨。但军令部建议仍将主力部队留在衡阳继续攻敌，其理由是激战之后，部队急撤，有溃退之虞；撤兵影响国人心理与盟军观感。蒋介石接受了军令部的建议。8 月 10 日，蒋介石电令各军反攻衡阳，并训令各军"以攻为守，并袭扰敌后方"。

战至 8 月下旬，蒋介石鉴于军力不足才放弃反攻衡阳的计划，调整部署，开始转向沿湘桂路两侧组织防御。8 月 24 日，蒋介石判断"敌主力向衡阳西郊集中，似有沿湘桂路西犯之企图"；9 月 1 日，蒋介石确信日军有深入广西的企图，命令第九战区抽调主力准备参加湘桂沿线作战。

自日军发动"一号作战"以来，中方守军溃不成军，短短数月，丧师失地，河南大部、长沙、衡阳相继沦陷。蒋介石慨叹"1944 年对中国来说是在长期战争中最坏的一年"，自称"从事革命以来，从来没有受过现在这样的耻辱"。衡阳保卫战虽然城破人降，但守军第十军将士孤军血战 47 天，付出了巨大牺牲，迟滞了日军南下进攻的步伐，打击了日军不可一世的嚣张气焰。在抗战最困难的时候，"给了国人以信心和希望，给了友邦不能以轻慢之心待我之理由"。

1　　2　　3

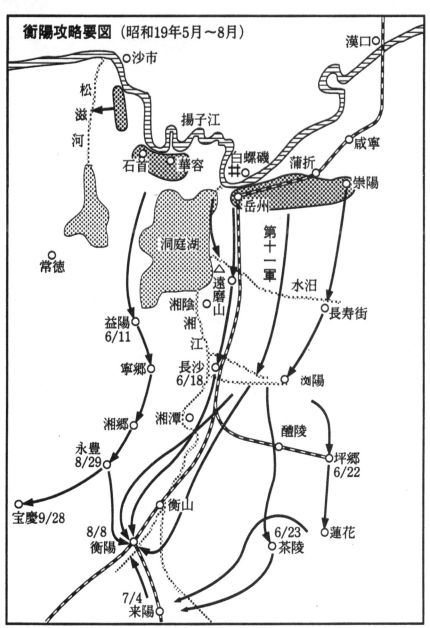

衡陽攻略要図（昭和19年5月～8月）

4

漢口
沙市
松滋河
揚子江
白螺磯　蒲折　咸寧
石首　華容　　　崇陽
岳州
第十一軍
洞庭湖
常徳
遠磨山　水汨
湘陰　湘　　長寿街
江
益陽6/11
寧郷　長沙6/18　瀏陽
湘郷　湘潭
永豊8/29　醴陵
宝慶9/28　衡山　坪郷6/22
8/8　　　6/23
衡陽　　茶陵　蓮花
7/4
来陽

1　中方衡阳守将第十军军长方先觉。〔曹聚仁、舒宗侨编著：《中国抗战画史》（下），第631页〕

2　1944年9月7日，衡阳之战中牺牲于湖南东安的中方第七十九军军长王甲本。〔中国第二历史档案馆编：《中华民国历史图影档案》，第850页〕

3　日第十一军司令官横山勇。〔平塚柾绪编著：《日中战争·日、米、中报道记录》，第188页〕

4　日军衡阳作战图。〔平塚柾绪编著：《日中战争·日、米、中报道记录》，第188页〕

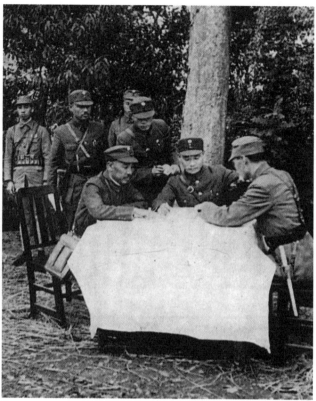

1　日第二十三军司令官田
中久一中将。〔平塚柾绪编
著：《日中战争·日、米、
中报道记录》，第 188 页〕

2　中方将领在研判敌情。
〔《〔中华民国抗日战争图
录》，第 163 页〕

3　衡阳战役中中国军队驰
援雨母山。〔《中华民国抗
日战争图录》，第 163 页〕

1

2

3

4

■1 衡阳战役中中方军队在雨母山准备出击。〔曹聚仁、舒宗侨编著：《中国抗战画史》（下），第633页〕

■2 在雨母山作战的中方六十二军军长黄涛。〔曹聚仁、舒宗侨编著：《中国抗战画史》（下），第634页〕

■3 日军的进攻爆破作战。〔南京民间抗战博物馆馆藏日方报刊战地照片〕

■4 行军增援的日军。〔南京民间抗战博物馆馆藏日方报刊战地照片〕

1 日军攻入衡阳城区。
〔南京民间抗战博物馆馆藏
日方报刊战地照片〕

2 日军用中国士兵军服做
人型靶。〔南京民间抗战博
物馆馆藏日方报刊战地照片〕

1

2

1

2

3

■1■ 日军攻入衡阳城。〔曹聚仁、舒宗侨编著：《中国抗战画史》（下），第635页〕

■2■ 日军运输机空投补给。〔南京民间抗战博物馆馆藏日方报刊战地照片〕

■3■ 日军占领后的衡阳城已是满目疮痍。〔曹聚仁、舒宗侨编著：《中国抗战画史》（下），第635页〕

第六章

老河口与芷江作战

　　1944 年，日军虽在中国及南洋等地仍占领着大片领土，并在中国战场上获得了"一号作战"的胜利，打通了大陆交通线，但日军实际上已面临即将全线崩溃之境地。中美空军已掌握了中国战场的制空权，在盟军飞机攻击下，大陆交通线"天天冒着火光"，根本无法达成联络印支半岛及南洋日军的战略目的，更不能挽救日军最后失败的命运。美军重型轰炸机，每天还从中国老河口、芷江等机场起飞，对日军各据点要地实施打击。

　　为作最后的挣扎扭转败局，1944 年 11 月，新任中国派遣军司令官冈村宁次决定发起一轮新的进攻，摧毁老河口、芷江等中美空军基地，建立并巩固其大陆要塞。

　　冈村宁次从"一号作战"的体验中看到中国军队的作战能力不强，认为中国军队不堪一击，故决定乘此之机进攻四川、昆明，同时准备在华中、华南沿海抗击美军登陆作战，迫使其无力进攻日本本土。为此，中国派遣军拟订了 1945 年进攻四川、云南和在华中、华南沿海实施防御的作战计划。该计划的主要内容是：以衡阳第二十军的 3 个师团从宝庆攻向芷江，而后进入四川，攻向涪陵，渡过长江攻占重庆；以桂林第十一军的 3 个师团由宜山攻占贵阳，而后进入四川，攻向泸州，渡过长江，攻占成都。

　　日军大本营从战争全局出发，制订了《帝国陆海空作战计划》，指出日军当前主要任务是击溃进攻的美军，确保日本本土安全。中国派遣军应迅速强化中国大陆的战略态势，击败东、西两面的中国军队，并制止美空军势力在华的活动。

　　中国派遣军根据大本营的命令，重新拟制沿海抗击美军登陆的作战方案和向内地挺进的作战计划，1 月 29 日，冈村宁次在南京召开的各方面军及各司令长官参加的军事会议上，传达了大本营的命令，并布置了沿海作战的安排和向老河口、芷江地区进攻的作战方案。

　　为加强东南沿海战备，中国派遣军还决定向沿海增调 9 个师团，调一个军司令部至杭州。为摧毁中国的空军基地，令华北方面军从速攻占老河口；令第六方面军攻占芷江，另以一部协同华北方面军在老河口作战；令第五航空军以一部支援老河口和芷江作战。

一、占领老河口空军基地

面对日军新一轮的战略进攻，按战场地域划分，中国军队将次战役称为豫西鄂北会战，即以第五战区主力的鄂北战场和以第一战区为主力的豫西战场。为了粉碎日军企图，中国军事委员会决定，以第五战区主力部队在南阳地区，以第一战区部队于南召、李清店一线阻击来犯日军，并以豫西和陕南各基地的空军轰炸日军后方交通线。在战术上中国军队则均实施后退决战，以消耗日军有生力量。

1945 年 3 月 21 日，日军第十二军各部队按照既定的作战计划开始全面进攻。由荆门北进的日军第三十九师团主力、独立第五、第十一旅团各一部向第五战区防地进攻，在桐木岭、盐池庙一线与第五十九军一部接触。23 日，日军先头部队攻陷自忠县。24 日，第五十九军主力及第六十九军一部阻击日军于欧家庙、武家堰和八都河一线，日军死伤甚多。26 日，日军增援部队 4000 余人继续进攻，激战至夜，一度突入南漳城内，遭到守军顽强阻击。

此时日军一部与其在欧家庙的主力攻陷襄阳、樊城，守军第六十九军分向樊城东北和襄阳西南突围。襄樊的日军向谷城策应老河口的日军作战，并与一部会合襄河以西的日军再攻南漳。4 月 2 日，日军与守军发生争夺战，经激战后日军攻陷南漳。5 日晨，日军 2000 余人向泰鸿山猛攻，守军两个师协力反击，至 10 日晚，日军向荆门撤退，守军夺回南漳。

4 月 12 日，中方第二十二集团军以一个师正面抵抗，一个师侧面出击攻占茨河市。进抵谷城以南的日军 2000 余人遭守军严重打击后撤。中方第四十一军主力在友军的配合下向襄阳及自忠县方向追击，先后克复武家堰、欧家庙、小河镇、襄阳、自忠县，并尾追日军，4 月 18 日克复樊城。

在老河口方面，日军第一一五师团、第一一〇师团、独立第十一旅团、骑兵第四旅团、战车第三师团一部于 3 月 21 日分 3 路向守军阵地进攻。24 日，守军放弃李青店至象河关一线防守，退守南阳附近设防。

25 日，日军一部攻占南阳后，主力继续向西挺进。是日，为不使资敌，中国空军与驻扎于老河口空军基地的守军将空军基地各种设施破坏殆尽，并将停放于机场等待修理的几架轰炸机及战斗机焚毁，之后，中国空军第三大队全部撤离老河口，于月底转驻于陕西安康。

3 月 26 日，日军先头部队骑兵第四旅团到达老河口东竹林桥。3 月 27 日晨，骑兵第四旅团长藤田茂下达进攻命令，日军 3 个联队在光化县城至马头山一线与守军三七三团发生激战。经过激烈战斗，老河口空军基地被日军攻占。日军仅得到已遭破坏的飞机 9 架、发动机 6 台、螺旋桨 6 架、汽油 490 桶和狼藉一片根本无法使用的飞机场。

之后，日军即从郑州、洛阳一路直扑老河口。3 月 27 日凌晨 2 点，日骑兵第二十联队进攻老河口马头山，骑兵二十五联队进攻老河口北关。下午 1 点，第二十联队攻陷马头山。3

月 30 日，日军独立步兵大队全部抵达老河口，至此，日军已对老河口形成合围态势。

守备老河口的中国军队是第二十二集团军所辖的第一二五师，该师是第五战区长官部的卫戍部队，其所辖三个团中的中一个团战前已入四川，在老河口的实际兵力只有两个团兵力。面对来势汹汹并数倍于己之敌，师长汪匣锋周密部署，并勉励全体将士誓死保卫老河口。

先期奔袭并担任攻城任务的日军骑兵第四旅团于 3 月 31 日向老河口守军阵地发动凌厉攻势，第一二五师将士坚守阵地，顽强抵抗，打退日军数次进攻，日军受命攻城的 4 个中队因伤亡甚巨，不得已第四旅团将 4 个中队临时拼凑为 1 个集成中队，继续向守军阵地进攻。4 月 2 日，日军第一一五师团主力进抵老河口后，骑兵第四旅团划归该师团指挥，因第四旅团伤亡过大，部队建制缺损严重，只得退出战斗，撤至老河口东北的孟家楼进行休整。

面对老河口城池久攻不下，日第一一五师团杉浦英吉部鉴于骑兵第四旅团几乎灭顶的教训，不敢贸然再战，准备等待进攻南阳的野战重炮兵第六联队增援后，再行计议。4 月 7 日拂晓，在重炮联队抵达后，第一一五师团借助强大炮火及战车的掩护，再次向老河口发起全面进攻，守军第一二五师官兵在汪匣锋的指挥下，士气旺盛，近距离猛烈抵抗，双方激战终日，日军连续发动的 5 次进攻均被击退。当晚，日军采用炮兵轰击和工兵爆破方法将北城墙炸毁一个缺口，步兵由缺口处突入城内，但在第一二五师的英勇反击下，日军先头一个中队被全歼，其他中队被迫退回。日军又组织两次攻击，均无功而返。

就在第一一五师团进攻老河口之际，日军第三十九师团又从湖北荆门向北经由南漳向老河口开来增援。

4 月 8 日 10 时，日军再次发动猛攻，并以北门为主攻目标集中兵力进行强攻。12 时，日军战车队越过手榴弹爆炸区，由突破口突入城内，步兵也随之跟进。在突破口激战中，日军又遭殊死抗击，第二中队队长符原当场毙命。由于日军士兵在坦克掩护下源源不断攻入老河口城内，经过近 4 小时的肉搏血战，日军终于以伤亡近 400 人的代价，于 13 时 50 分左右突入城内。守军第一二五师一面实施巷战抵抗，一面组织撤退，当日晚，第一二五师分两部分别撤至汉水西岸和老河口以南地区，老河口被日军占领。

第一二五师为保卫老河口坚守了 13 天，付出了战死 963 人，失踪 600 余人的巨大代价。

早在 4 月 4 日，蒋介石即曾电令第一、第五战区：日军补给困难，加之雨天，道路泥泞，战车行动迟缓，此时正值歼敌最佳良机，希望两战区积极组织部队反攻。接到命令后两战区指挥官甚感为难，因所部各路守军正遭日军进攻，根本无力组织大规模的反击。4 月 12 日后，尚未得到喘息的守军各部奉令开始向日军发起攻击，但均被日军击退，之后双方军队在战场上反复争夺，至 4 月 28 日，守军第二十二集团军一部曾一度攻至老河口城区，但因后续部队无法跟进，被迫撤至汉水西岸。至此，战场态势基本处于相持状况，老河口战役结束。

老河口战役中，中美空军完全掌握了战场制空权，发挥了重要作用，在中美空军的压制下，整个作战期间日军航空兵失去了以往的嚣张气焰，仅对战场进行过 4 次空袭。与之相反，中美空军的 4 个大队共计出动飞机 1047 架次，炸毁日军火炮 24 门、战车 36 辆、卡车 172 辆、船 48 艘、地面飞机 18 架，击落日战机 5 架。中美空军混合团主要负责对郑州、许昌、南阳等地的日军补给基地、空军基地以及铁路沿线实施轰炸，以摧毁其军事设备、军需物资及阻挠其运输。中国空军则负责协同地面部队战斗，运用空中优势压制日军炮兵、战车的火力攻击，发挥了巨大作用。

老河口作战，日军虽然达到了占领老河口空军基地的目的，使其豫鄂方面所受空中威胁有所减少，但日军损失过巨，伤亡兵力达1.6万，付出如此惨重代价而攻占的老河口空军基地，也已失去了军事利用价值。

美国援华空军机场分布图。〔芷江抗战受降纪念馆藏〕

1

2

3

1 中方民工为美国空军建筑机场。〔平塚柾绪编著：《日中战争·日、米、中报道记录》，第192页〕

2 建筑芷江机场的中方民工。〔芷江抗战受降纪念馆藏〕

3 中方建筑江西遂川机场的民工中有妇女的身影。〔平塚柾绪编著：《日中战争·日、米、中报道记录》，第192页〕

1

2

3

■1 大量民工参与到建筑江西遂川机场的劳动中。〔平塚柾绪编著:《日中战争·日、米、中报道记录》,第192页〕

■2 中方民工在老河口机场平整飞机跑道。〔来自网络http://image, so, com/v?q=老河口机场 &src=srp&fromurl〕

■3 中国民工手拉肩扛修建芷江机场。〔芷江抗战受降纪念馆藏〕

1 中国民工用巨型石滚修建芷江机场。〔芷江抗战受降纪念馆藏〕

2 老河口作战前日军备战。〔来自网络 http://image, so, com/v?q= 老河口作战 &src= tab_baike&fromurl〕

3 日军第十二军司令官内山英太郎。〔来自网络 http://baike, so, com/doc/ 3755522，html〕

4 夏夜日军岗哨穿戴了防蚊服。〔南京民间抗战博物馆馆藏日方报刊战地照片〕

1

2

3

4

■1 日军在湘西的进攻作战。〔南京民间抗战博物馆馆藏日方报刊战地照片〕

■2 在湘西战役中，日军航空兵已经日薄西山，丧失了制空权。〔南京民间抗战博物馆馆藏日方报刊战地照片〕

■3 日军粮食供应不足，神田部队以山芋充饥。〔南京民间抗战博物馆馆藏日方报刊战地照片〕

1 老河口战役中方守军机枪阵地。〔来自网络 http://image，so，com/v?q=老河口作战&src=tab_baike&fromurl〕

2 中国军队进军老河口。〔来自网络 http://image，so，com/v?q=老河口作战&src=tab_baike&fromurl〕

3 驻老河口机场美空军飞虎队。〔来自网络 http://image，so，com/v?q=老河口机场&src=srp&fromur〕

1

2

3

二、芷江作战

芷江地处湘西，云贵高原东缘，位于湘西雪峰山环抱之中，与川黔桂鄂等省接壤，夹在湘、资、沅三大水系之间，是中方的重要战略基地，储备有大量战略物资。雪峰山西麓的芷江机场，是中美空军的前沿阵地，在轰炸日军占领的衡阳、长沙、岳阳、汉口、南京等交通要道和军事目标等方面发挥了重要作用。中美空军在粤赣及湘桂一带的基地被日军轰炸摧毁后，芷江机场的战略地位就尤显重要。

日军计划占领芷江机场，以保护湘桂线长沙至南宁段、粤汉线广州至武昌两铁路的交通的畅通，可将华南日军转移到沿海地区，以此阻止美军登陆，并计划由此役而占领湘西，沿湘黔公路直趋贵阳，威逼昆明，进而沿川湘公路进攻四川，威胁重庆。

1945 年 1 月，日第六方面军按照日军大本营的战略部署，以第二十军和十一军一部为主攻部队，计 5 个师团加 3 个独立混成旅团，另配备有空军和战车部队以及伪军第二师协同作战，约 8 万人的兵力，以第二十军板西一良司令官为战役总指挥，采取分进合击的战术，向湘西发起进攻。

守军方面以中国陆军总司令何应钦为战役总指挥，集结 6 个新式装备军，配以空军第五大队和一、二、三大队各一部，加上美国空军第十四航空队，参战总兵力约 11 万人。会战主力为第四方面军，总司令为王耀武，下辖 4 个军，作战目的是以雪峰山为依托，于武冈和新华一线与日军主力决战，确保中美空军基地的安全。

4 月 5 日，日军第二十军召开了师团长及独立旅团长会议研究作战计划。会议决定：在 4 月 15 日正式开始进攻之前，第一一六师团于 4 月 11 日派出 1 个步兵大队，以突袭的方式从宝庆向雪峰山地区龙潭铺秘密前进，进据雪峰山隘口，为后续部队进入雪峰山区围歼中国野战军主力及进攻芷江制造有利条件；第六十四师团驻沅江城的步兵旅团，于 4 月 13 日派出 2 个独立步兵大队南攻益阳，以造成中国军队的错觉，并牵制驻守常德的中方第十八军。

4 月 9 日起，中国陆军总司令部发现日军第一一六师团一部兵力西渡资水，建立桥头阵地，并向宝庆移动，判断日军的进攻在即，于 4 月 11 日下达作战预令，令暂六师担任芷江机场守备；令第九十四军迅速向芷江附近推进，协同第四方面军作战，并增强黔桂、桂穗路的防务，作好策应第四方面军作战的准备；令第六战区派出策应的第九十二军进至常德、桃源地区，准备协助第四方面军作战。

就在陆军总司令部下达作战命令的当晚，日军第一一六师团第一〇九联队一部从宝庆以西的桥头阵地沿山间小道秘密西进，15 日夜突进至中原村附近。其师团主力分 3 个纵队于 4 月 13 日夜开始行动。15 日夜，其右纵队第一〇九联队突破巨口铺附近守军第一〇〇军防地，进抵大桥边。其中央纵队第一三三联队向岩口铺突进。与此同时，东安日军的第五十八旅团开始向新宁前进,第六十四师团的第六十九旅团亦由沅江攻占益阳。至此,芷江作战全面展开。

当日军发起全面进攻后,中国陆军总司令部于 15 日下达作战命令,命令第四方面军主力于武冈、新化附近与日军决战,同时令第三方面军以第九十四军由靖县、道通,第十集团军的第九十二军又 1 个师由常德、桃源向武冈以东及新化方面前进,协同第四方面军击破进攻的日军;令经过训练美式装备的新六军即先以 1 个师空运至芷江,为第四方面军的总预备队,随时参加战斗。

正当第四方面军调整部署之际,日军发起了进攻。战斗至 18 日,日军中路主力第一一六师团的右纵队已进至隆回司;中央纵队及左纵队也在突破第一○○军岩口铺、桃花坪阵地后进至资水以西;担任突袭任务的第一○九联队已深入至大黄沙附近。适逢第七十四军第五十一师到达增援,才稳住局势。

4 月 12 日,日军第三十四师团进攻新宁,新宁第七十四军第五十八师守城的一个营和日军交战,激战 3 天,抵挡住数千日军的强攻,4 月 15 日,日军第三十四师团得到关根支队的增援,双方激战一日,因寡不敌众,守军不得已于 4 月 17 日被迫弃守新宁。

攻占新宁以后,日军第三十四师团继续攻占梓木山,22 日攻占真良,近逼绥宁。守军第四十四、五十八师逐次抵抗。23 日,日军强渡巫水,守军第四十四师待日军一部渡河以后突然发起进攻,全歼渡河日军。

4 月 27 日,日军第六十八师团向湘西重镇武阳进犯。守军第九连与数倍于己之敌苦战 4 昼夜,武阳县城大部已被日军所占,武阳危在旦夕,第四十四师立即派出援军火速增援。已进入武阳的日军侧翼遭遇守军突袭,猝不及防,其侧翼很快被突破。二十七集团军总司令汤恩伯命令第九十四军火速驰援武阳。4 月 30 日,日军猛攻瓦屋塘,5 月 1 日又转攻水口。同日,驻守铁山的守军第五十七师第一七○团连续 9 次击退日军的冲锋。2 日,守军第五十八师主力及第一九三师在空军支援下进行反击,日军第二一七联队大部被中方歼灭。3 日,在中美空军的支援下,守军向进攻青岩、铁山一带的日军予以还击,连续 15 次击退日军的冲锋,日军死亡枕藉。4 日起,第五师在龙山、大河冲一线与日军激战三日,歼灭日军五十八旅团长以下 1500 余人。取得武阳大捷,武阳大捷是守军湘西会战由被动变为主动,由防御转为反攻的标志。

日军在进攻武阳的同时,日军第六十八师团余下所有主力,全力进攻战役另一关键重镇武冈县城。

防守武冈的是守军第七十四军,第七十四军在战前紧急加固工事,在城外建立了一道核心防线,成为日军难以逾越的屏障。

4 月 27 日,日军在坦克和近百门火炮的配合下从三面向守军阵地发起强攻,第五十八师奋起反击。一连 3 天日军只突破了城外的简易二道防线。守军最后一道防线和武冈城墙极为坚固,日军炮火无法将其摧毁,同时第五十八师防御火力也很顽强,日军伤亡惨重。

5 月 1 日,日军集中所有火力向武冈西门发起进攻,数百特攻队员在炮火掩护下前进。大部分队员在离城墙很远的地方就被击毙,少数队员靠近城墙引爆了炸药,但仅仅把城墙炸出十多个洞。守城的士兵和自发参战的老百姓投出数百个大沙袋,把十几个洞口全部堵死。

日军架起梯子爬上城墙,而守军使用美制喷火器烧毁日军登城木梯,同时守军用美式冲锋枪对城下日军猛烈扫射。双方激战一天,日军伤亡惨重。

　　鉴于中方武冈守军伤亡过半，王耀武立即命令驻守武阳的第四十四师一部火速增援，日军腹背受敌，武冈守军见援兵抵达，也出城夹攻，日军惨败。

　　在中路，日军主力第一一五师团于4月17日强渡资水，向守军第一〇〇军主阵地发动进攻。日军集中兵力从两侧迂回至桃花坪的东郊及南郊向守军猛攻，守军五十七团一个连面对数倍于已的日军毫不示弱，与日军展开巷战，全连官兵全部壮烈牺牲。

　　在芙蓉山外围阵地岩口铺的争夺战中，守军一个连坚守阵地12天，抗击日军多次冲锋，阵地岿然不动，致使日军始终无法突破芙蓉山高地，只得绕过芙蓉山。

　　日军攻不下芙蓉山，兵员、辎重输送只得绕山区崎岖小路而行，极大影响了日军的士气，加速了日军的失败。

　　日军绕过芙蓉山以后，全力进攻洞口镇。洞口守军为第十九军第五十七团团一营，他们凭借极其险峻的地形，利用轻重武器交叉射击，组成极密集的火力网，阻止了日军的进攻的步伐。日军只得又使出了毒气等特攻战术，守军措手不及，洞口镇被日军攻陷。

　　4月23日，守军第一〇〇军借助大雾向日军发动总攻，第五十一师师长周志道亲自阵前督战，守军士气大振。仅一天第一〇九联队就被击溃，其大部后退逃入周边山地。

　　至此，日军各路进攻作战全线受挫，中方四方面军参谋长邱维达认为日军攻势已被扼制，此时应立即投入预备队在日军撤退之前将其主力歼灭。

　　5月4日陆军总司令何应钦连续接到蒋介石两封电报，令其对日军发动攻击，电文说："湘西方面之敌，势成弩末，现攻势已顿挫，希即捕捉有利战机，督促第三四方面军积极反攻。"于是他采纳了邱维达的建议，下令各部全线反击。

　　就在中国军队准备反攻之际，日军内部就是否撤兵产生了分歧。此时遭到沉重打击的第一一六师师团长岩永汪和第四十七师师团长渡边洋联合致电总司令冈村宁次，要求立即中止芷江作战。他们认为左右两翼日军都已惨败，中路日军不仅没有攻陷重要据点，而且第一〇九联队被围。而且芙蓉山阵地无法攻陷，日军弹药和给养断绝，再战已无胜利希望。

　　5月1日，第九十四军奉命向日军第六十八师团进攻，第九十四军第五师为主攻部队，第二十六军第四十四师配合作战。此时日军第六十八师团残部已经在武阳附近重新集合，其中主攻武冈的一部数千人仍然有一定的战斗力，但其战斗意志已全然丧失，与守军一经接触，即向后溃退。

　　5月2日，第五师主力强攻日军马鞍山主阵地，仅半日就夺回大多数日军所占据的制高点，日军纷纷向核心阵地退却。第四十四师也进展顺利，将日军压制在很小的区域内。5月3日，守军各部队向当面日军发动总攻，在中方强大攻势下，日军向万福桥阵地退却。此时中国军队第五师十五团组成了一个突击队，由第五师副师长邱行湘指挥，在当地山民的带领下，乘日军不备，悄悄绕到日军侧面，突然冲入日军万福桥旅团指挥部，当场击毙200多名各级军官，日军指挥全然瘫痪。中国军队另一部冲入日军炮兵阵地，日军炮兵丢弃大炮四散逃窜，日军阵地上的大炮被全部缴获。中国军队趁势强攻，日军土崩瓦解，至5月6日，日军第五十八旅团遭到全歼。

　　在歼灭第五十八旅团以后，第九十四军随即回军攻击驻守新宁的日军第三十四师团，第三十四师团不敌，向后退却，新宁收复。

　　日军第一一六师团在5月1日开始突围，以两个联队的兵力向青岩，铁山阵地发动猛攻，中方第五十七师一七〇团抵挡住日军 15 次冲锋，击毙日军 1600 多人，第一一六师团已陷入重围。

5 月 6 日，蒋介石下达全面总攻的命令。电报被日军截获，冈村宁次阅后大为震惊，深感大势已去，他找来受他委派去湘西前线视察归来的总参谋长小林浅三郎，询问对芷江战事的意见，小林思考片刻说道：目前只有一条路可走，就是停止芷江战役。因为他知道，前线日军部队已经出现军心动摇情况，开小差的越来越多，甚至第一一三联队军营内出现了反战标语，有部分士兵在上战场前自杀。战争已没有取胜的希望。因此，冈村宁次于 5 月 9 日下达了中止芷江作战，部队撤回原驻地的命令。

中国四方面军王耀武司令针对日军动向，命令第十八军火速开往洞口，第七十四军协助第十八军，务必阻挡住并消灭日军第一一六师团。同时命令第一〇〇军，歼灭孤军深入的第一〇九联队。

其实日军第一〇九联队已被第一〇〇军包围，在连续 10 天的打击下，日军伤亡已超七成，残余日军困守在几个小山上，时刻遭遇中美飞机轰炸和重炮的打击。在走投无路之际，第一〇九联队试图缴械投降，但是中方为防其有诈，拒绝其投降的请求。

5 月 12 日，第一〇〇军发动总攻，首先以重炮压制日军火力，而后又以迫击炮精确打击。之后，两个师将士奋勇出击，日军阵地很快被截成数段，日军稍加抵抗就全线溃败。5 月 13 日，中方守军第一〇〇军各级指挥官全部亲临阵前督战，经过鏖战，日军主阵地被攻陷。已经丧失抵抗意志的日军，各自夺路逃生，日军遭到毁灭性的打击，第一〇九联队联队长泷寺保三郎被击毙，第一〇九联队被全歼。

5 月 10 日，中方第五十八师已经开到洞口，和日军第一一六师团外围部队发生激战。同时第十八军一部收复白马山和赛市，5 月 13 日，收复山门，至此，日军第一一六师团的退路被截断。

由于洞口方面是日第一一六师团的主力所在，5 月 12 日，第七十四军暂六师攻陷洞口外围全部阵地。关键时刻，战役总指挥何应钦指令王耀武，下达了放开一个口子让日军逃走的决定，意图是尽快结束会战，以保胜利之局。何应钦还亲自打电话，要将领们"军事服从政治"，从而贻误了全歼第一一六师团的最佳战机。

5 月 13 日，经过一天修整的第七十四军才由洞口向日军发动强攻，目睹第一一六师团已向东方退却，军长施中诚命令所有部队全速追击，芷江机场也出动飞机对在逃的日军进行轰炸，但绝杀第一一六师团的战机已失，最终只全歼了日军殿后一个联队。

日军撤退路上另一个障碍，就是初期没有攻陷的芙蓉山。为保证第一一六师团成功突围，板西一良命令关根支队的第二一七联队夺取芙蓉山。日军集中余下 1000 余人，从三面围攻芙蓉山，芙蓉山阵地上的守军仅有两个连的兵力，他们凭借阵前的雷区和 2 道铁丝网顽强抵抗，日军以人海战术向山上冲锋。守军士兵弹药不足，只得等日军靠近时投掷手榴弹，之后以白刃与敌肉搏，打退日军多次进攻。前来增援的第七十四军暂六师一部轻装及时赶到，从日军背后向发动进攻。一举攻陷日军在芙蓉山占据的 3 个高地，日军向后方溃退。暂六师紧追不舍，全歼日军第二一七联队。但日军第一一六师团乘守军围歼第二一七联队之际，已经连夜从山路逃走。

历时 3 个昼夜的芙蓉山战斗以日军的败退宣告结束，战后，重庆报纸赞誉固守芙蓉山的该营，可堪比坚守上海四行仓库的"八百壮士"。成为中国抗战史上头尾两个亮点。为表彰其功勋，战后颁发营长孙廷简二等勋章一枚。

至此，日军全线退回湘西会战之前地域，长达 55 个昼夜的湘西会战到此结束。

据统计，此役日军伤亡 28174 人，其中死亡 12498 人，日军被全歼一个旅团及四个联队，一个师团遭重创。中方缴获迫击炮 43 门、榴弹炮 13 门、山炮 5 门、重机枪 48 挺、轻机枪 240 挺，其余装备无数，还缴获日军战马 1650 匹。守军还夺得日军军旗 90 多面（日军方面的命令，军旗必须死死保住，只要尚存一人就必须保住军旗），俘虏日军 447 人，其中军官 42 人。中国军队此役伤亡 20660 人，其中阵亡 7817 人。

芷江战役，关系到中国抗战前途和命运，国民政府军事委员会调集了 23 个师，集结优势兵力和美式装备用于此役。在战略上，守军采取了"攻势防御"的作战方针，即先守后攻的战略，予日军以沉重打击。从军事力量的对比来看，由于美式武器援华，守军经过美式训练与装备改装，此次战役无论是陆军火力还是空军火力均超过日军，这也是克敌制胜的关键。

芷江战役，中国军队粉碎了日军侵占芷江、摧毁芷江机场的企图，日军还没有看见芷江机场就大败而逃，抗战最后一场战役以中国军队全胜而告结束，也标志着日军在中国战场攻势的全部结束，从此日军转入战略败退阶段。中国军队则转入战略反攻阶段。此役因其地名也被称为"雪峰山大捷"。

中国军队的胜利张扬了中国的国威，提高了中国的国际声誉。芷江战役被《纽约时报》称为"中日战争的转折点"。

1945 年 8 月 15 日，在中国人民艰苦卓绝的八年抗战和盟军的强大攻势打击下，日本政府宣布无条件投降，中日战争以中国人民的最后胜利而告结束。

1945 年 8 月 21 日，在湖南芷江，日本中国派遣军总司令冈村宁次特派的投降代表副总参谋长今井武夫，与中国陆军总司令何应钦的代表副总参谋长萧毅肃将军接洽日军投降事宜，并上交了中国派遣军兵力分布图。仪式结束后，何应钦召见了今井武夫，给予训示，决定在南京举行日本向中国投降正式典礼。

在这场长达 8 年的中日战争中，日本作为战争的发动者，在战争初期始终把握着战略主动权，国力军力的优势使日军在中国战场上疯狂进犯，中方将士虽竭尽全力而未能遏止其凶焰。当战火燃近武汉，在以华中为主战场的战争中，虽然日军进攻势头有所减缓，但交战双方综合力量之对比，中国军队仍处劣势。中国官兵不畏强敌，在长江两岸的广阔地区，与日军进行了艰苦卓绝的鏖战，并取得了"万家岭大捷"，虽然武汉最后失守，但在战略上，中方已经达成了迟滞日军进攻步伐的目的。武汉战役后，中日战争进入战略相持阶段，在此阶段中，日军仍在间断地发动攻势作战，除了"冬季攻势"等个别战役外，各次战役之发起者大多是日军。但以长沙一战为标志，日军已经显示出力竭之势，出现了不论战役胜败最后都会主动撤兵的现象。进入相持阶段双方战斗次数之减少以及参战部队、战区规模之缩减，其主要原因在于日军战斗力比较前期之衰落。

抗战胜利后，中方参谋总长陈诚曾在其所著《八年抗战经过概要》一书中对开战 8 年来正面战场上中日双方作战次数作了如下统计：中日大规模会战共计 22 次，其余大小战斗约 4 万次。在武汉失守前，会战 4 次，除忻口战役外，其余 3 次中方参战部队都在 30 个军以上，武汉会战参战部队为 17 个军。而进入相持阶段以后，从 1939 年 1 月到 1943 年 12 月的 5 年间，共会战共 13 次，其中中方参战部队最多的一次为浙赣战役 19 个军。其中，华中战场上在战争开始阶段、进入战略相持阶段乃至最后结束阶段都有重大战役发生，并成为战争结束终战之地。

华中战场在中日战争中的重要性不言而喻。

20 世纪日本所发动侵华战争，是一次非正义反人道的侵略战争，是完全违背人类道德与国际正义的法西斯战争，这场战争的性质注定了它最终必然失败的命运。

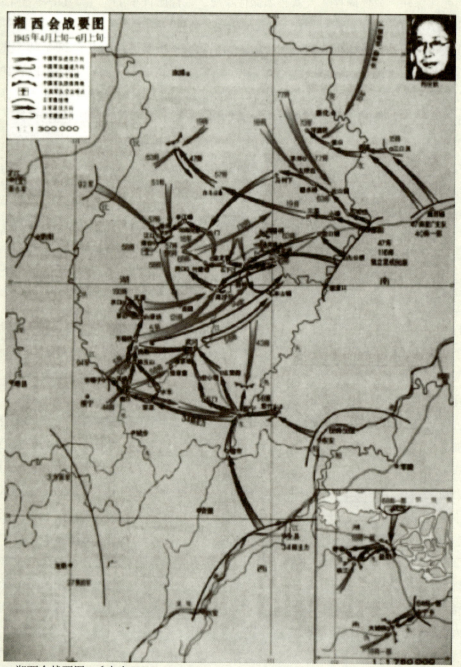

湘西会战要图。〔来自网络 http://image，so，com/v?q= 老河口机场 &src=srp&fromur〕

1

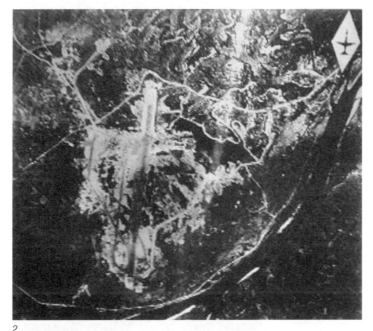

2

3

1 中方建筑芷江机场,变
农田为跑道。〔芷江抗战受
降纪念馆藏〕

2 芷江机场航拍的照片。
〔芷江抗战受降纪念馆藏〕

3 芷江机场防空阵地架设
的高射机枪。〔芷江抗战受
降纪念馆藏〕

1 准备赴芷江前线作战的中国军队。〔周勇等编著:《重庆图书馆馆藏珍贵抗战图片集》，第186页〕

2 美式装备的中国军队新六军被空运回国，参加湘西会战。〔周勇等编著:《重庆图书馆馆藏珍贵抗战图片集》，第186页〕

3 日军阵中休息。〔南京民间抗战博物馆馆藏日方报刊战地照片〕

1

2

3

■1 芷江作战中，日军阵前
破坏铁丝网。〔南京民间抗
战博物馆馆藏日方报刊战地
照片〕

■2 参加芷江作战的日军神
田部队通信兵。〔南京民间
抗战博物馆馆藏日方报刊战
地照片〕

■3 芷江战役中被中方俘虏
的日本士兵。〔芷江抗战受
降纪念馆藏〕

1

2

1 书写在芷江土桥民宅上
的抗日标语。〔芷江抗战受
降纪念馆藏〕

2 中国军队缴获日军战利
品。〔来自网络 http://baike,
so，com/doc/5676760，html〕

3 欢庆胜利的中国士兵。
〔芷江抗战受降纪念馆藏〕

3

1

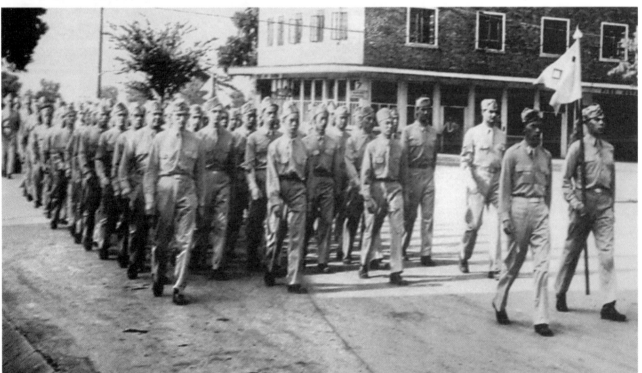

2

1 湘西会战中国阵亡烈士墓。〔芷江抗战受降纪念馆藏〕

2 中美空军混合联队官兵列队行进。〔湖南芷江飞虎队纪念馆藏〕

1 美国空军飞虎队员合影。〔湖南芷江飞虎队纪念馆藏〕

2 美国空军飞虎队员合影。〔湖南芷江飞虎队纪念馆藏〕

3 芷江美军飞行员在基地餐厅聚餐。〔湖南芷江飞虎队纪念馆藏〕

1

2

3

■1 芷江美国空军军官聚餐。〔湖南芷江飞虎队纪念馆藏〕

■2 美国飞虎队地勤人员维修战机。〔湖南芷江飞虎队纪念馆藏〕

■3 中共领袖毛泽东会见美国飞行员的合影。〔湖南芷江飞虎队纪念馆藏〕

■4 作战凯旋的美国飞行员。〔湖南芷江飞虎队纪念馆藏〕

1

2

3

1　降落在芷江机场的日本投降代表乘坐的飞机。〔芷江抗战受降纪念馆藏〕

2　1945 年 8 月 21 日，日本中国派遣军总司令冈村宁次特派投降代表今井武夫乘飞机抵达芷江。〔芷江抗战受降纪念馆藏〕

3　今井武夫一行在芷江机场等候召见。〔芷江抗战受降纪念馆藏〕

1945年8月21日，侵华日军总司令冈村宁次派其副总参谋长今井武夫一行4人，飞抵湖南芷江向我军洽降。

1

2

3

■1■ 中国陆军总司令何应钦派其副总参谋长萧毅肃将军在芷江会场接受今井武夫投降。〔芷江抗战受降纪念馆藏〕

■2■ 萧毅肃将军等接受并查看日军中国派遣军兵力分布图。〔芷江抗战受降纪念馆藏〕

■3■ 中国战区芷江受降典礼结束后，各战区司令长官在陆军总司令部休息室前尽兴畅谈。（由左至右为王耀武、卢汉、张发奎、何应钦、汤恩伯、杜聿明、萧毅肃、柏德诺）〔芷江抗战受降纪念馆藏〕

1 何应钦召见日本投降代表今井武夫后与美方代表柏德诺（前排左一）等合影。〔来自网络 www.3j3j.com〕

2 美国飞虎队指挥官陈纳德（右二）在芷江机场与中美军官交谈。〔芷江抗战受降纪念馆藏〕

3 日军投降代表乘原机返回。〔芷江抗战受降纪念馆藏〕

1

2

3

1

2

3

1 1945年中美空军混合联队官兵庆祝抗战胜利合影。〔芷江抗战受降纪念馆藏〕

2 1944年修建的芷江中美空军联队俱乐部。〔芷江抗战受降纪念馆藏〕

3 芷江中美空军联队俱乐部会议室。〔芷江飞虎队纪念馆藏〕

1

2

3

4

▇1 飞虎队指挥官陈纳德将军雕像。〔芷江飞虎队纪念馆藏〕

▇2 飞虎队员群雕像。〔芷江飞虎队纪念馆藏〕

▇3 芷江飞虎队纪念馆主建筑。〔芷江飞虎队纪念馆藏〕

▇4 保存完好的芷江美空军第十四航空队指挥塔。〔芷江飞虎队纪念馆藏〕

大事记

1938 年

5 月 26 日　日本内阁改组，新外相宇垣宣布取消"不以国民政府为对手"之声明，对重庆国民政府实行诱降。

6 月 1 日　蒋介石在武汉主持最高军事会议，决定在豫东作战略撤退，同时掘开黄河大堤，阻止日军前进，令商震二十集团军负责实施。

6 月 6 日　开封陷落。

6 月 11 日　新编第八师蒋在珍部在花园口掘开黄河大堤，豫皖苏三省 20 余县尽成泽国，人民死伤、财产损失无算，日军北线攻势亦因此被遏止。

6 月 12 日　日军波田支队占领安庆。

6 月 13 日　日本内阁御前会议决定进攻武汉，逼迫中国政府投降或使之逃往重庆。

6 月 14 日　蒋介石下令组编第九战区，负责江南作战任务，任命陈诚为司令长官兼武汉卫戍司令，与江北第五战区李宗仁合作，开展保卫武汉之役。

6 月 18 日　日军大本营发出准备进攻武汉的命令。

6 月 26 日　江防马当要塞失守。

7 月 4 日　日军占领湖口。

7 月 26 日　九江失守。

8 月 4 日　黄梅失守，日军攻入鄂东，武汉三屏障尽失。

8 月 15 日　李宗仁部攻克蒙城，日军败守宿迁。

8 月 22 日　日本大本营命令进攻武汉。

9 月 6 日　广济失守。

9 月 8 日　中国军队反攻广济，歼敌 3000 余人。

9 月 14 日　江防要塞马头镇失守。

9 月 18 日　商城、武穴失守。

9月20日　鄂东田家镇中日展开激战，29日陷落，长江门户洞开，武汉失去屏障。

10月10日　中国第九战区在万家岭地区围歼日军4个联队，取得大胜，史称"万家岭大捷"。

10月12日　日军占领信阳，完成江北作战计划。另一部日军3万余人在广州大鹏湾登陆，21日广州失守。

10月27日　日军占领武汉。

10月31日　蒋介石在南岳发表《武汉撤退告全国军民书》，表示继续抵抗之决心。

11月3日　日近卫首相发表第二次对华声明。

11月12日　日军攻占岳阳。

11月13日"长沙大火"，当局自焚长沙城，民众死伤2万余人，烧毁房屋5万余栋。

11月17日　李宗仁率部收复六安、合肥。

11月20日　蒋介石下令枪决"长沙大火"渎职犯长沙警备司令酆悌等3人。

11月25日　蒋介石在衡阳南岳主持召开"第一次南岳军政联席会议"，商讨调整抗战战略问题，宣称抗战第二阶段已经到来。

12月19日　国民党副总裁汪精卫叛国投日逃往河内。

12月22日　日近卫首相发表第三次对华声明，受到汪精卫的欢迎。

12月26日　蒋介石发表痛斥近卫声明之讲话。

12月29日　汪精卫在河内发表"艳电"，要求国民政府接受日本"和平条件"。

1939 年

1月1日　国民党中常会决定永远开除汪精卫党籍，罢免其本兼各职。

1月21日　国民党五届五中全会在重庆开幕，30日闭幕，会议决定设置国防最高委员会，由蒋介石任委员长，并决定其政治方针由抗日向反共转移，随后颁布《限制异党活动办法》。

1月27日　日军占领南昌。

4月5日　日陆相板垣在师团长会议上宣称华北攻到兰州、华南攻到南宁可以结束战争。

4月30日　冈村宁次率日第十一军主力向中方第五战区随县、枣阳地区大举进犯，"随枣会战"开始，激战至5月23日，中国军队击退日军，恢复原战线。

5月3日　日机轰炸重庆，死伤数千人，城市繁华区被毁。

6月6日　日本五相会议通过"新中央政府树立方针"，准备扶持汪精卫成立"中央政府"。

　7月7日　军政部长何应钦在重庆纪念抗战两周年大会上公布：抗战两年来敌军伤亡总数为917800余人，俘日伪军8555人，击毁敌机716架，击沉击伤敌舰644艘。

9月4日　日本内阁就欧战爆发发表声明："当此欧战爆发之际，日本帝国将专致力于'中国事变'之解决而不介入欧战。"

9月9日　日军设立"支那派遣军总司令部"，由西尾寿造大将任总司令，板垣征四郎中将为参谋长，多田骏中将任华北方面军司令长官，统一指挥华中、华北、华南各军，主作战地域仍在华中地区，作战目的在于"扶汪打蒋"，为此立即准备在湖南发动新攻势。

9月13日　何应钦报告，日军占据我国12省的521县。

9月18日　日军为配合进攻长沙之役，在赣北高安发动辅攻，意图牵制第九战区主力，遭守军罗卓英部激烈抵抗。

9月23日　日军主力强渡新墙河，开始第一次进攻长沙战役，激战至30日，中国军队在民众配合下成功地阻止了敌军攻势。日军力竭，下令撤兵原防。

10月2日　中国空军轰炸汉口日军机场，毁日机50余架。

10月10日　国民政府军委会军令部制定《国军冬季攻势作战计划》，准备以二、三、五战区为主，对日军发动全面反攻。1939年11月至1940年1月间，各战区普遍开始了对日军"冬季攻势"作战。

10月14日　湖南日军退回原防线，"第一次长沙战役"结束。中方宣布歼敌4万余人，誉为"湘北大捷"。

10月29日　蒋介石主持召开"第二次南岳会议"，决定派正规部队深入敌后开展游击作战，并在正面战场上开展"有限度的攻势与反击，以牵制消耗敌人"。军事委员会随即制定了《第二期作战指导方针》。

1940 年

2月26日　中国军队在豫南信阳对日军进攻，双方激战。

3月15日　日首相米内发表谈话，表示"全力支持"汪精卫成立"新政府"。29日，汪伪政府在南京出台。

5月1日　华中日军为反击中方"冬季攻势"，调集十一军等主力部队再次分三路进攻五战区枣阳地区，欲歼灭中方主力部队，"枣宜之战"开始，激战至月底，中国军队击退日军攻势，取得胜利。

5月16日　第三十三集团军总司令张自忠在枣阳与日军作战牺牲。

6月1日　日军进攻襄阳、樊城。

6月13日　日军占领宜昌。

9月27日　德意日签订《军事同盟条约》。

10月4日　日军对苏南浙江一带发动"七月攻势"，结果均告失败。

11月23日　鄂北日军进犯襄河，"鄂北战役"开始，中国军队不久击破日军攻势。

1941 年

1月25日　日军发动"豫南战役"，企图打通平汉线南段。次月，守军汤恩伯部调整反攻，收复部分失地。

3月15日　日军在赣北发动"鄱阳湖扫荡战"，企图攻占高安、上高，史称"上高会战"，18日日军占领高安，激战至31日，中国军队收复高安，形成围歼日军之势。4月9日结束战斗，击退日军。

4月17日　日军一部在浙东登陆，占领镇海、温州等地，19日占领福州。

9月7日　湘北日军第六师团进攻大云山地区，为发动第二次"长沙战役"作准备。

9月18日　日军第十一军主力发动"第二次长沙战役"，意图打击国民政府，贯彻对华逼降方针，在"年内解决中国事变"。第九战区仓促应战，27日长沙失陷。10月1日，日军认为作战目的已达到，加之后援困难，遂自动撤兵。

9月30日　六战区为支援九战区，对宜昌日军发起猛烈攻势，激战至10月11日，因敌援兵到达，未克而返。是为"宜昌战役"。

10月31日　日军退出郑州。

12月8日　日军发动太平洋战争，向英美开战。

12月9日　国民政府正式向日德意宣战。

12月23日　"东亚联合军事会议"在重庆召开。

12月24日　日军为配合攻占香港之役，发动"第三次长沙会战"，中国军队后退诱敌，并增调援军参战，激战至1942年1月4日，成功粉碎日军攻势，保住长沙，日军损失惨重，狼狈撤退，中国军队奋勇追击，歼敌5万余人，大获全胜。至15日，恢复原战线。

12月26日　中英签订《中英共同防御滇缅路协定》。

1942 年

1月1日　26个国家在华盛顿发表《联合国家宣言》，保证共同对德日意作战到底，世界反法西斯战线建立。

1月3日　蒋介石出任盟国陆空军中国战区最高司令，随即电请罗斯福总统选派中国战区参谋长，29日美方派史迪威出任此职。

2月23日　国民政府特派第五、六两军进入缅甸，协助英军抵抗日军进攻。由卫立煌任缅甸远征军总司令。

3月4日　中国战区参谋长史迪威抵达重庆。

3月15日　日军发动"浙赣战役"，企图打通浙赣路，扫荡中方三战区盟军机场，阻止盟方飞机轰炸日本本土。双方战斗至7月底，日军大部实现作战目的而退兵。8月，中国军队收复失地恢复原战线。

6月2日　中美签订《中美抵抗侵略互助协定》。

12月19日　日军在大别山南麓对守军实施"扫荡战"，占领大片地区。

1943 年

2月21日　日军占领广州湾。

4月10日　蒋介石要求罗斯福免去史迪威职务，改派陈纳德指挥中国战区美军。

8月22日　罗斯福与丘吉尔在加拿大魁北克举行"四分仪会议"，中国外交部长宋子文与会。会议决定成立盟军东南亚司令部，加强对日作战，并决定收复缅甸之役以攻克缅北为主要作战目的，以中国远征军为主力。为此，英美承诺加强对华物资援助。

9月16日　史迪威向蒋介石建议给共产党军队分配美援武器，共同打击日军，被蒋拒绝。

9月30日　日本御前会议通过《今后应采取的战争指导大纲》，决定缩小"应确保的重要地区"，加强"对重庆政治工作"，"迅速设法解决中国问题"。

11月2日　日军为消灭中方六战区主力，重兵围攻常德，守军七十四军五十七师坚守不退，双方展开激战，次月3日，常德失守，但中国军队已完成包围敌军之势，9日，重新收复常德，日军兵败而归，是为"常德会战"。

1944 年

2月10日　蒋介石主持召开第四次南岳会议，提出关于抗日反攻战略之构想。

4月17日　日军统帅部为打通大陆交通线，命令中国派遣军发动"一号作战"总攻势。是日，冈村宁次指挥日军进攻豫中地区，"豫中会战"开始。双方战斗至5月25日，日军占领洛阳，战役结束。

5月27日　日军"一号作战"第二阶段战役"长衡会战"开始。湘北日军发动南下攻势。

6月18日　日军占领长沙。蒋介石下令死守衡阳。6月23日至8月8日，守军与日军大战月余，终因后援不继，衡阳失陷，守将方先觉投降。日军乘胜进攻，继续南侵。

9月8日　日军攻占全州。"一号作战"第三阶段"桂柳会战"开始。

9月23日　日军占领梧州。

10月11日　柳州失守。

10月14日　重庆发动"十万知识青年从军运动"。

11月10日　桂林失守。

11月22日　冈村宁次继畑俊六出任中国派遣军总司令。

11月24日　中国军队弃守南宁溃退。12月10日由南宁南下与由越南北上之日军在绥渌会师，日军完成"一号作战"计划。

11月28日　日军占领南丹，进入贵州。

12月3日　日军占领独山，重庆为之震撼。次日，日军因力竭不支而撤退。

12月9日　国民政府宣布将在美国援助下重新训练装备35个师。

1945 年

1月17日　日军占领广东惠州。

1月25日　盟军飞机轰炸北平、南京日军机场及东京。

2月4日　"雅尔塔会议"召开。盟军飞机轰炸神户。美军在昆明成立"中国第二空运大队"。

3月11日　盟军飞机轰炸名古屋。

3月21日　日军进攻豫西南阳及鄂北老河口。

4月9日　日军发动"芷江战役"，意图破坏芷江机场，围歼中国军队。双方激战至5月20日，中国军队将日军主力包围歼灭，取得抗战正面战场最后一役之胜利。

4月25日　联合国大会在旧金山开幕，会议签署《联合国宪章》。

4月间　日军统帅部鉴于全球战局变化，决定在中国战场收缩兵力，以确保"核心地区"。

5月8日　德国法西斯无条件投降。

5月26日　日军开始自广西后撤，中国军队"跟进"收复南宁。

5月29日　中方收复柳州。

7月3日　中国军队收复龙州、凭祥，将残敌赶出国境。

7月17日　苏美英三国首脑举行"波茨坦会议"。

7月26日　盟国发表促令日本无条件投降之《波茨坦公告》。

7月28日　中国军队收复桂林，是为"桂柳反攻"之役。

7月29日　日本最高作战会议开会讨论《波茨坦公告》条款，决定对之采取"默杀"对策（意为"暂不理会"）。

7月　中国陆军总司令部在盟国催促下匆忙制定反攻广州作战计划，预定时限为1945年下半年完成。

8月6日　美军在日本广岛投下原子弹，9日在长崎投下第二颗原子弹。

8月8日　苏联对日宣战，次日出兵中国东北。

8月15日　日本政府向同盟国宣布接受《波茨坦公告》，无条件投降。

9月3日　中国抗日战争胜利纪念日。

主要参考文献

中国第二历史档案馆编：《抗日战争正面战场》，江苏古籍出版社 1987 年 8 月版。

中国第二历史档案馆编：《中国现代政治史资料汇编》《中国现代史大事月表》。

中国第二历史档案馆编：《中华民国历史图片档案》，团结出版社 2002 年 5 月版。

周勇等编著：《重庆图书馆馆藏珍贵抗战图片集》，重庆出版社 2011 年版。

郑佳明主编：《长沙万象》，湖南文艺出版社 2000 年版。

耿成宽等编：《抗日战争时期的侵华日军》，北京春秋出版社 1987 年 3 月版。

李惠等编：《侵华日军序列沿革》，解放军出版社 1987 年 10 月版。

马振犊：《惨胜——抗战正面战场大写意》，九州出版社 2012 年 1 月版。

袁旭编：《第二次中日战争纪事》，档案出版社 1988 年 1 月版。

石柏林：《从长沙大火到衡阳失陷》，湖南人民出版社 1989 年 5 月版。

毛磊：《武汉抗战史要》，湖北人民出版社 1985 年 7 月版。

张宪文主编：《抗日战争的正面战场》，河南人民出版社 1987 年 6 月版。

武汉市政协等编印：《抗战中的武汉》，1985 年版。

郭雄等编：《抗日战争时期国民党正面战场重要战役介绍》，四川人民出版社 1985 年 1 月版。

复旦大学历史系编：《日本帝国主义对外侵略史料选编（1931—1945）》，上海人民出版社 1983 年 6 月版。

吴相湘：《第二次中日战争史》（上、下）〔台北〕综合月刊社 1973 年 5 月版。

秦效仪主编：《中华民国重要史料初编——对日抗战时期》续编（全三册），〔台北〕国民党中央党史会，1981 年 1 月版。

张秉均：《中国现代历次重要战役之研究——抗日战役述评》，〔台北〕"国防部"史政局编印，1978—1981 年版。

虞奇：《抗日战争简史》（上、下），〔台北〕黎明文化事业公司 1977 年版。

何应钦：《八年抗战之经过》，1946 年版。

陈诚：《八年抗战经过概要》，1946 年版。

白崇禧：《抗战八年军事概况》，1946 年版。

曹聚仁、舒宗侨编著：《抗日战争画史》，中国文史出版社 2011 年 1 月版。

今井武夫：《今井武夫回忆录》，中国文史出版社 1987 年 8 月版。

日本防卫厅防卫研究所战史室编：《中国事变陆军作战史》，"中华民国史资料丛稿"，田琪之译，中华书局 1979 年 7 月版。

服部卓四郎：《大东亚战争全史》，张玉祥等译，商务印书馆 1984 年 12 月版。

村濑守保：《我的从军中国战线·村濑守保写真集》，日本的机关报社出版中心 2005 年 3 月版。

牧野喜久男主编：《日中战争》第 2 辑，每日新闻社 1999 年版。

牧野喜久郎主编：《一亿人的昭和史》，每日新闻社 1978 年版。

《决定版昭和史》，每日新闻社 1983 年版。

平塚柾绪编著：《大东亚战争写真史（5）·大陆战尘篇》，富士书苑昭和二十九年（1954）九月版。

平塚柾绪编著：《日中战争·日、美、中报道摄影记者的记录》，翔泳社 1995 年版。

今井清一：《图说昭和的历史》，集英社 1970 年版。

每日新闻社编：《日本的战历》，每日新闻社 1967 年版。

牧野喜久郎编：《日本的战史》，每日新闻社 1979 年 12 月版。

《不许可写真史》（日本），每日新闻 1981 年版。

《日本的战史》，每日新闻社 1965 年临时增刊。

编集人椎野八束：《未公开写真·日中战争》，新人物往来社 1989 年特别增刊。

大阪每日新闻社、东京日日新闻社编辑出版：《支那事变画报》。

每日新闻社编：《日本的战历：满州事变·太平洋战争主题》，1965 年版。

西井一夫编辑：《不许可写真》第 2 辑，每日新闻社 1999 年版。

日本近代史研究会编：《图说国民的历史》，国文社 1950 年发行。

索　引

后 记

　　本书由马振犊、陆军与潘涛合编而成，由陆军汇编全书照片，编者合作撰写全文。由于当年侵华战争中许多日方战地照片，被日本当局为掩盖战争罪行而判定为"不许可"发表，除了山东画报出版社提供的大量图片，我们又赴芷江抗战胜利受降纪念馆、云南省档案馆、日本防卫厅防卫研究所图书馆等处，搜集到目前这些图片资料。感谢南京"民间抗日战争博物馆"吴先斌馆长，为我们补充相关照片提供的慷慨支持与大力帮助！限于作者见闻所及，书中错漏在所难免，敬祈读者批评指正。

马振犊

2014 年 5 月 30 日